追寻去功利化的教育模式

杨帆 著

湖南教育出版社
HUNAN EDUCATION PUBLISHING HOUSE

图书在版编目（CIP）数据

追寻去功利化的教育模式 / 杨帆著. —长沙：湖南教育出版社, 2018.1
ISBN 978-7-5539-6057-9

Ⅰ. ①追… Ⅱ. ①杨… Ⅲ. ①高中－教育模式－研究－中国 Ⅳ. ①G632.0

中国版本图书馆CIP数据核字(2017)第330139号

ZHUIXUN QU GONGLIHUA DE JIAOYU MOSHI
追寻去功利化的教育模式

杨帆 著

责任编辑　黄永华 廖 熙
责任校对　胡 婷
封面设计　辛 宇
出版发行　湖南教育出版社（长沙市韶山北路443号）
客　服　电话0731-85118546
经　销　全国各新华书店
印　刷　长沙金鹰印务有限公司
开　本　710×1000　1/16
印　张　14.5
字　数　200000
版　次　2018年1月第1版 2018年3月第2次印刷
书　号　ISBN 978-7-5539-6057-9
定　价　55.00元

序

去功利化的教育模式才是真正的教育模式

"教学有法。"对于教学,学者们已经有了很多的研究,目前已形成了行为主义、认知主义、建构主义、人本主义、掌握学习、最近发展区、多元智能理论等学习理论,相应地产生了参与式学习、体验式学习、探究式学习、发现式学习、研究性学习、自主性学习等多种学习方法。

"教无定法。"在实际操作过程中,我们很难用一种学习理论来支配教学。对于教学条件不同的学校,如有足够合格师资的学校和没有足够合格师资的学校;对于学习风格不同的学生,如反应快和反应慢的学生;对于特点不同的学科,如以抽象思维为主的学科和以形象思维为主的学科——不同的理论往往起不同的作用。

"贵在得法。"教学是一个动态的生成过程,在教学过程中,如何导入新课,如何组织学生展开学习,如何管理课堂纪律,如何调动课堂气氛? 一切事先预设的模式都有可能煮成"夹生饭"。所以,"贵在得法"一说应运而生,任何教学模式都需要变通,以适应一个个鲜活的生命。

这些年来,一些从"泥土"里长出来的"草根"教学理论、课改模式,曾经让人眼前一亮,它从不入主流到声名鹊起,又从众星捧月到冷嘲热讽,像是坐过山车,起起落落。人们希望有一个可复制、可推广的教学理论和模式,希望从"泥土"里冒出一个成功的"范例",来引领课改潮流,但是美好的愿望却常常成了水中月镜中花。课改不是搞"美容",样子虽然漂亮了,但是,"生"出来的学生还是应试教育的坯子,课改想要寻找的是教育的真谛。

课程改革已经进行十余年了,一大批"名校"战果辉煌,课改经验丰富多样。但是,还有一大批薄弱学校生源不佳、经费不足,有待更强有力的政策支持。有学者认为,"当前中国教育最缺乏的不是那些如何熠熠闪光的经验,而是一些在悬崖边挣扎、在沙漠里绽放、在草丛里唱歌的勇气与智慧",

"应该用心去研究那些先天不佳、后天优势也不多的学校,探索一些适合学生和学校的方法、手段和路子"。① 教育部、国家发展改革委员会、财政部于2013年底启动的全面改善薄弱学校基本办学条件工程,其内容包括建设校园校舍2亿多平方米,加强教师队伍建设,提高教育教学水平和资源使用效益等,此工程覆盖全国2600多个县近22万所学校,惠及4000多万学生。

学校是一座很奇怪的桥梁,它是自然人通向社会的主要通道。人们爱它也好,恨它也罢,都会争先恐后地把孩子往优质学校送,场面堪比"千军万马过独木桥"。基础教育是未成年人的教育,是心灵的教育,从农业时代到工业时代,私塾教育、班级授课制都发挥了划时代的作用。到了后工业时代,人们更加追求人生的幸福,每个人都力图体现自身的独特价值,于是新高考背景下的走班制、选课制呼之欲出。好教育向前眺望,教育需要按人的发展规律来安排有节奏的生活,塑造人的心灵,健全人的体格。也许,只有褪去"升学率"这件冰冷的外衣,我们才能真正寻找到教育之美,才能够真正理解"真教育"。

基础教育不同于培养高级专门人才的高等教育,基础教育是造就人才的奠基工程,不可能立竿见影。十年树木,百年树人,基础教育可以说是一个"慢工程",重在为儿童生长发育提供各种肥沃的"土壤"。因此,基础教育不是升学教育,而是养成教育,不应该一味追求"分数GDP",不能不择手段地刺激学生知识总量的"生长",更不能为了提高所谓的升学率而去牺牲学生的健康。远离办学浮躁,不求表面之功,不求轰动效应,无声润物,优先把"心灵GDP""健康GDP"抓上来,以实现身体的可持续发展、文化修养的可持续发展、道德情操的可持续发展。从这个意义上说,去功利化的教育模式才是真正的教育模式,才值得推广。

---

① 厉佳旭. 真经未必在"名"校[J]. 人民教育,2016,(17).

目　　录

第一章　课程：去功利化教育的基石

第一节

起航：高中新课程改革畅想

◆素质教育的核心就是成就人的发展，这种发展是个性化的，也是多样化的，这种发展一定要有相适宜的教育机制，而不能用一个模式去塑造各种学生。

◆未来社会应该是"学习化社会"，教育不再是一种强制性义务，而是一种生活方式。基础教育课程改革应该更好地为构建学习型社会服务，改革成功的标志之一就是学生对知识的渴望、对学习的兴趣、对问题的主动探究。

《国家中长期教育改革和发展规划纲要（2010—2020 年）》（以下简称为《纲要》）指出，"高中阶段教育是学生个性形成、自主发展的关键时期，对提高国民素质和培养创新人才具有特殊意义。注重培养学生自主学习、自强自立和适应社会的能力，克服应试教育倾向。……深入推进课程改革，全面落实课程方案，保证学生全面完成国家规定的各门课程的学习。创造条件开设丰富多彩的选修课，为学生提供更多选择，促进学生全面而有个性的发展"。

2014 年 7 月，首届基础教育国家级教学成果奖评选结果出炉，北京市十一学校的成果《让每一位学生成为他自己》获得了特等奖。该成果对育人模式、课程多样性和选择性问题、课程整合问题、改革中的体制性障碍问题均有突破，学校管理者认为"课程就是为不同学生设计的不同轨道。课程的独特价值就是应该尊重某一个特定孩子的需求和不一样的成长方式"，"没有兴趣就没有学习"。① "给每个学生提供合适的教育，才是最好的教育，最公平的教育"。从 2009 年开始，十一学校"构建了一套分层、分类、综合、特需的选择性课程体系，实施选课走班，实现了每位学生一张课表。课程变革带动了学校管理制度的转型，并最终实现学校组织文化的变革，从而构建起了一种全员育人、关注个体的新型育人模式，学校实现了转型"。② 经过几年的努力，他们取得令人满意的成绩，十一学校由此得到了家长的认可和社会的赞誉。

一、为什么要进行课改

有三个学生，他们分别是小明、小朗和小施，他们要学习三门课程："篮球""钢琴""理科综合"。开学了，小明同学的篮球打得好，但弹钢琴的样子很滑稽，受到其他同学的讥笑；小朗同学的钢琴弹得不错，但篮球怎么打不好，理科综合学习起来很费力；小施同学学习成绩很出色，但篮球和钢琴没有达标。

有两种教学模式，一种是让小明、小朗和小施同学分别将自己擅长的篮球、钢琴、理科综合停下来，补短板，这就是所谓的"木桶理论"。但是，小明、小朗和小施同学心里都很不是滋味，羞愧、不服、气愤，并分别对自己不擅长的两门课程产生了厌恶感。第二种教学模式是因材施教，轻等级、重个性。小明同学以后要到美国职业篮球队发展，运动生理学、英语要学好；小朗同学以后要到世界各国巡回演出，演奏各国名曲，西方文化和历史要学好；小施同学以后要从事科研工作，有必要掌握一些健体方法，并学会欣赏一点高雅艺术，有张有弛，确保可持续发展。第二种教学模式成功了，若干年后，这三个同学分别成为体坛巨星、艺术家、科学家。

"分数面前人人平等"这句看似公平的口号掩盖了一个残酷的真相：

---

① ②北京市十一学校. 让每一位学生成为他自己——首届基础教育国家级教学成果奖获奖成果精选及解读 [J]. 人民教育，2015（增刊）.

青少年还没有定型，"天生我材必有用，'分数'散尽还复来"。其实，差生只是某个时期、某个方面状况不佳的学生，素质教育的一个核心就是成就人的发展，这种发展是个性化的，也是有起有伏的，这种发展一定要有相适宜的教育机制。现在，人们一方面呼吁要给学校教育松绑，另一方面又争着把小孩送到升学率高的名校，表面上看是不想让小孩输在起跑线上，实际上还有一个教育机制问题，包括评价机制。把学习的缰绳放给分数去把握，考试科目、标准是统一的，考试的分数就是学习水平的绝对标尺，学生失去了对课程的选择权，学生越努力，就越会同质化，越会失去个性。

在我国近现代历史上，有许多被高校破格录取的事例，如张充和、罗家伦、钱伟长、臧克家等人，[①] 后来都成为世界级人物，这些大师的成长足迹，或许会给今天的人才培养一些有益的启示。如果说，课程标准是解决"如何教"的问题，核心素养就是解决"培养什么人"的问题。2001年开始的新一轮课程改革实施已有十余年时间，我国新课改正进入深水区，基于人的核心素养课程体系的建立，推动了课程改革高质量持续发展。"课程作为学校教育最为核心的要素，描绘着学生成长的蓝图，直接决定着学生的培养质量，与学生主体性的发展息息相关。正如有学者指出，课程越来越集中地体现着教育思想和教育观念，越来越成为组织教育教学的主要依据，课程在教育体系中越来越居于核心地位，具有牵一发而动全身的作用。"[②] 所以，在某种程度上，课程改革已经触及了教育机制的改革，

---

① 张充和，1934年参加北京大学考试，数学零分，史地、英文甚高，国文满分，被北大破格录取，有"最后一位民国才女"之称。罗家伦，1917年参加北京大学招生考试，数学零分，作文满分，被北京大学破格录取，后任清华大学校长。钱伟长，1931年报考清华大学，物理考了5分，数学和化学一共考了20分，英语考了零分，凭着优异的文科成绩进入清华大学学习，"九一八"事变后，弃文从理，后成为中国近代力学奠基人之一。臧克家，1930年报考青岛大学，数学零分，国文98分，头一名，被破格录取，后成为我国近代杰出诗人、作家、编辑家。冯用军，王馨馨，陈慧岩. 走近那些被破格录取的大师们[N]，中国教育报，2010—9—22.

② 吴忠良. 主体性教育课程嵌入性解析[J]. 课程·教材·教法，2016，(2)..

其目的不是以整齐划一的课程，把学生分为三六九等，而是要着眼于未来，增加学生的选择权，让课程充满人性，促进人的可持续发展。

二、怎样进行课改

课改不是搞美容，弄一点综合实践活动，编一些校本教材，点缀一下、装饰打扮一下就算是课改了。

1. 课改，就是教育领域的供给侧改革。立德树人、现代公民素养、创新人才培养，这一个个命题要求我们建立一套贴近时代、贴近生活，有利于学生身心发展的新课程体系。我们的高中教育可以说是世界上"最发达"的，教学内容偏深、偏难，课程内容"唯高考是瞻"，补课、刷题应接不暇，仿佛高考就是硬道理，其他活动都是花拳绣腿，只有语、数、外、理、化等高考科目学好了，学生才是老师、家长眼中的骄傲。人们评价我们的高中课程只有冰冷的"考分"，没有人的"体温"，高考科目课程是"标配"，研究型、实践型课程是"累赘""点缀"，课程已经到了非改不可的时候了。推进个性化教育，珍惜每位受教育者的价值，提高课程的有效供给，将是新课改的着力点。据此，《纲要》提出了"推进培养模式多样化，满足不同潜质学生的发展需要""探索发现和培养创新人才的途径""鼓励普通高中办出特色"三大任务。

2. 要改革陈旧的教学模式，变"要我学"为"我要学"。《纲要》尖锐地指出了目前教育领域存在的问题："教育观念相对落后，内容方法比较陈旧，中小学生课业负担过重，素质教育推进困难。"试问，教育等同于升学考试吗？教师对考点的"捞分"教学就是有效教学吗？学生对考点的过度学习就是勤奋学习吗？学习是享受还是折磨？为什么很多学生在逃避学习？为什么课堂教学如此低效？我们该怎样教学？新的教学模式应该尊重教育规律和学生身心发展规律，为每个学生提供适合的教育，就像农民一样顺乎农时，合乎地利。教师不再是支配者，不再拔苗助长，而是学生在学习上的朋友和帮手，教学气氛应该是和谐的，学生在课堂上看到了新的风景，充满了惊喜。通过学生的主动参与和交流合作，学生发展了人生所需的探究能力、收集和处理信息的能力、批判性思考能力，培养了科学精神和健全的人格。

3. 评价考试要和新课程进一步接轨，考试内容要与社会生活、学生的经验相联系，增强问题的真实性和情景性，建立个性化的评估体系，实现智力的公平评价。现状是素质评价虚化，分数评价实化，更没有给那些奇才、偏才、怪才一个脱颖而出的平台。因此，一些跟高考无关的课程，即使其有丰富的内涵，也被学校看成是额外的负担；学生的一点兴趣爱好，因为升学考试与之无关而被束之高阁。现在，人们在寻找一种更为合理的评价方式，"成长记录"袋便是一例，"成长记录"袋里反映的是学生在特定领域的努力、进步和成就，以此作为学生素质评价的重要参数，而不是将学习成绩的高低作为衡量学习成果的唯一参数。个性化的素质评价需要进一步夯实，需要回归基础教育的基本职能，不要在播种的时候就去收割，逼着学生出成绩，追着学校出成果。

4. 搭建终身学习立交桥，为构建学习型社会打下坚实的基础。国运兴衰，系于教育。《纲要》指出，"当今世界正处在大发展大变革大调整时期。世界多极化、经济全球化深入发展，科技进步日新月异，人才竞争日趋激烈。我国正处在改革发展的关键阶段，经济建设、政治建设、文化建设、社会建设以及生态文明建设全面推进，工业化、信息化、城镇化、市场化、国际化深入发展，人口、资源、环境压力日益加大，经济发展方式加快转变，都凸显了提高国民素质、培养创新人才的重要性和紧迫性。中国未来发展、中华民族伟大复兴，关键靠人才，基础在教育"。社会在急剧转型的同时，许多公民因缺乏自主意识、竞争意识、民主和法治意识、创新意识，缺乏现代信息知识和技能，而承受到了过重的生存、发展压力，社会上创新型、实用型、复合型人才紧缺。联合国教科文组织倡导未来社会应该是"学习化社会"，教育不再是一种强制性义务，而是一种生活方式，把学习当成了一种生活必需，就像空气与水。基础教育课程改革应该更好地为构建学习型社会服务，其特点是：学习是自己的责任；学习是创造性的、愉快的活动；学习是开放的、合作的活动；学习受到尊重和重视。

三、新课程的标志是什么

令人啼笑皆非的是，当数理化奥赛和升学接轨时，奥赛培训机构和奥赛特长生如雨后春笋，迅猛发展。一旦和升学脱钩时，特长生们便"潜水"了。"为什么重知识轻能力、重'硬基础'（如知识、技能、能力等）轻'软基础'（如兴趣、情感、习惯、品格、个性等）的偏向难以纠正，除了应试指标压力、考试文化影响和分科教学体系的知识偏好外，我们究竟还有哪些难以逾越的障碍或未解之'心结'？"① 功利化、技术化的评价体系一直在误导家长和考生。

教材是课改的基础，但不是课改的标志。有的教师手捧新教材，却"涛声依旧"。没有新的教学理念，新教材也会变成旧教材。

课堂上进行角色扮演、辩论，你说、我说、大家说，讨论得热热闹闹，这也只是课堂表象，而不是课改标志。因为除了激情，学习更需要冷静的思考。

搞学分制，把学生的特长和综合实践活动都算进来，这只能说是新课程评价领域拓宽了。当家长们逼着学生去参加钢琴、绘画等级考试的时候，可能我们成年人还没有弄明白什么是特长。古今中外，没有一位艺术大师是等级考试考出来的，我国许多著名的数学家也不是从层层奥赛中赛出来的。再者，种菜、绣花不算特长？不能登学分之堂？当年的孔圣人是不同意的。

在一些人眼里，"学校教育＝知识教育＝升学教育"，大多数课改搞得好的学校都不敢撇开升学率这个指标，隐晦一点的说法是"教学质量提高了"，其他指标倒成了锦上添花的装饰。其实，就"一本"上线率而言，如同一个分数，分子永远小于分母，分值几乎是一个常数，各个中学之间进行攀比，实际上形成了教育系统的内耗，输家常常是普通中学，更何况

---

① 杨小微，张权力. 教学质量改进的再理解与再行动 [J]. 课程·教材·教法，2016；(7).

所有的高中不可能达到同一个水平、形成同一个模式。

新课程改革的标志到底是什么？学习的风景在哪里？

《纲要》指出，"人力资源是我国经济社会发展的第一资源，教育是开发人力资源的主要途径"，要"树立科学的质量观，把促进人的全面发展、适应社会需要作为衡量教育质量的根本标准"，要"注重学思结合，倡导启发式、探究式、讨论式、参与式教学，帮助学生学会学习。激发学生的好奇心，培养学生的兴趣爱好，营造独立思考、自由探索、勇于创新的良好环境"。2017年3月教育部、国家发展改革委、财政部、人力资源社会保障部印发了《高中阶段教育普及攻坚计划（2017—2020年）》（教基〔2017〕1号文件），提出高中阶段教育"是学生从未成年走向成年、个性形成、自主发展的关键时期，肩负着为各类人才成长奠基、培养高素质技术技能型人才的使命"，必须"改革人才培养模式，落实立德树人根本任务，全面提高学生社会责任感、创新精神和实践能力"。

基于此，新课程改革的标志之一，就是学生对知识的渴望、对学习的兴趣、对问题的主动探究。中学生现在补课成风，有如暴饮暴食，到了后高中时代却丧失"食欲"，对学习避而远之。在传统的课堂上，你可以看到教师精心设计了一个个的问题，却很少看到学生主动地提出问题。学生是知识的构建者，教师是为之搭建手脚架的服务者，问题的深度决定了思维的水平，只学"答"，不学"问"，非"学问"。"孟母三迁"，不少家长为了孩子前途，为了孩子的一切，不惜高价买学区房，请家教、补短板，最后，小孩却爱上了电游、手机，真是恨铁不成钢，这种现象现在具有普遍性。提高学生的学习兴趣指数，让学习回家、入脑、随行，是每一个教育工作者应努力的方向。

新课程改革的标志之二，就是学生在学校的学习时光幸福而又充实，没有"厌（教）室症"，只有满满的期待与收获。没有哪一个学生天天盼着考试，学校不是制造人工智能机器人的工厂。精英教育需要"平民情怀"，学生们学习的目的不再是为了高考、为了升学，学生的学习目的是为了认识生命世界，学做一个合格的现代公民，学习内容能体现人类的核心价值。在学校里，学生有了更多的自主空间，个性得到了尊重和张扬；在灵动的课堂里，学生有了更多的参与、思考、表达、展示自己的机会。学习过程充满了愉悦的体验，"在教学过程中教师是否能做到'相同的学生相同对待'（有教无类）、'不同的学生不同对待'（因材施教）、'有特殊教育需求的学生能特殊优待'便成为教学质量优劣的标准"。[①] 学校形成一种创生性学习的文化氛围，学生要从知识掌握走向智慧生成，正如《纲要》所要求的那样，"关注学生不同特点和个性差异，发展每一个学生的优势潜能。推进分层教学、走班制、学分制、导师制等教学管理制度改革。建立学习困难学生的帮助机制。改进优异学生培养方式，在跳级、转学、转换专业以及选修更高学段课程等方面给予支持和指导"。"优秀"的人才永远只是少数，理想的教育制度具有包容性，应该为"平庸"的人提供丰富的机会，鼓励他们愉快地学习，无所牵挂。提高每一个学生的自我效能感，是学校不可推卸的责任。

新课程改革的标志之三，就是学生与学校环境之间良性互动，以知促行，以行促知。人非圣贤，孰能无过？人就是在不断改正错误的过程中成长、成熟。木桶理论是美国管理学家劳伦斯·彼得提出来的，是说一只水桶能盛多少水，并不取决于最长的那块木板，而是取决于最短的那块木板。为了提高学生的总成绩，学校特别强调补短板、补主科。现在，反木桶理论却让我们耳目一新，反木桶理论认为，木桶最长的一根木板决定了其特色与优势，能够凸显其才能。与木桶理论求稳的心理不同，反木桶理论强调的是打破思维定式，扬长但也不避短，学生与学校环境良性互动。未来的学校课程制度应该是每一个学生都有一张属于自己的课表，每名学生都有一个"私人订制"的未来，都有一个基于大数据的私人订制服务。学校有基于学生生命周期的"学分超市"，既能促进学生的全面发展，又能保证他们的个性发展。学校不再是一张课表、一张试卷，不再有"学

① 杨小微，张权力. 教学质量改进的再理解与再行动 [J]. 课程·教材·教法，2016，（7）.

霸"和"学渣"之分。

"海阔凭鱼跃，天高任鸟飞"，在学习的天空里，小明同学跳得更高，小郎同学弹得更欢，小施同学学得更加自在，学校生活成了人生最美好的回忆。弱化媒体关注与社会排名，推进去功利化课程建设，恢复教育生态的多样性，提供给学生多维度发展空间，让每个孩子都享有公平而有质量的教育，是学校的应尽义务。

第二节

反思：对高中教育定位的追问

◆ 如果没有课程体系与评价体系的有效衔接，大量的选修课程就会成为一种装饰，一种消遣和浮光掠影式的走过场。

◆ 国家相关部门应该赋予学校合理而充分的课程自主权、学业评价权，为学校创造性地实施国家课程、个性化地开发学校课程提供保障。

2012 年 4 月 6 日，《中国教育报》"理论周刊·教育科学"版发表了文章《高中的衔接与选择路在何方——由英国大学预科教育反思我国高中教育定位问题》，文章指出，"高中教育中的衔接应是实现教育规划纲要中提出的高中要'培养模式多样化'，'培养学生适应社会的能力'等任务的重要举措之一"。文章提道，在英国大学预科教育已经成为中等教育重要组成部分，课程设置由原来单一的学术型课程转变为学术、技术和职业相结合的形式，为了体现高中办学特色多样化，使学生更好地适应未来社会，高中教育应该体现这种多重"衔接"思想。从我国高中教育发展方向来看，这应该是值得关注的一个话题，但是，从我国目前高中教育的现状来看，可操作性却值得商榷。主要有以下几个方面的问题。

一、高中教育究竟要满足何种需要

20 世纪 80 年代中期以来，我国高中教育开始出现片面追求升学率的现象，具体表现在"以学备考"，用考试体系取代正常的学习体系。学校一切活动都围绕高考展开，忽视人的发展需求，不鼓励有差别的发展，用统一的模式限制学生的个性发展，导致教育的性质严重扭曲变形。

高中考生要上本科线，必考科目门门都要优秀，否则，总分就要掉下来，一些"特长突出、考分疲软"的"偏才""怪才"往往被拒之门外。

高中教育的本质究竟是什么？这需要我们进行认真的理性思考。1934年10月，我国著名的教育家陶行知应邀到南开大学演讲，当得知南开中学和南开女中在河北省会考中成绩不佳是因为校长张伯苓不牺牲学生的宝贵生活以迁就机械的毁灭生活的会考制度时，他颇为赞赏。张伯苓认为，只知道压逼学生死读书的学校，结果不过是造就一群"病鬼"来，一点用处也没有。他一再强调，南开是造就"活孩子"的，不是造就"死孩子"的。

有人认为，今天的中国，大学已经走上了普及化的道路。但是，名牌大学、就业前景好的热门专业仍然是学生、家长们追逐的目标，学校教师就如戴着手铐脚镣跳舞。正如同一版面上发表的《高中教育要往哪里走》一文所述："高考的指挥棒发生了变化，高中的教学才会大胆地发生转变。"高中的教育究竟要满足何种需要？现实目标定位没有解决，高中教育的定位仍然会在"十字路口"徘徊。

二、高中教育以何种方式满足需要

高中课程从功能上看，分为基础课程和拓展课程；从形态上看，分为文本课程和活动课程；从结构上看，分为分科课程和综合课程；按教学要求分类，则分为必修课程和选修课程。上述课程体系有利于学生在自己潜质基础上充分而和谐地发展。但是，在实际操作过程中也会遇到一些困难和问题。高中课程分类别、分层次的设置是满足学生需求的"桥梁"，学生可以从自己兴趣和需要出发，有选择性地修完自己的学分，学习形式由"柜台模式"走向"超市模式"。但是，基于高考需要，各学校都会不约而同地确立相应的高考教材，选修课程的校本特征被淡化了，选修课的选择权又被上移了。

显然，一卷定终身的高考模式是不利于高中课程改革的，高中新课程在满足高考升学需要和丰满学生人性形成方面面临着矛盾和困惑。由国家组织的高考需要为选择不同课程的学生提供不同的考试"套餐"，只有以这种多元的评价方式才能保障高中课程改革顺利进行。在《高中的衔接与选择的路在何方》中介绍了英国的一些经验，如英国教育部2000年公布了可供选择的 72 门大学预科课程，2002 年又公布了针对预科中前 10% 的优秀学生的 17 门课程，学校可以在这些科目基础上自己组织"菜单"。

高中教育以何种方式满足需要？如果没有课程体系和评价体系的有效衔接，大量的选修课程就会成为一种装饰，一种消遣和浮光掠影式的走过场。

三、高中教育在多大程度上满足需要

高中课程标准规定，高中生总学分须达到 144 分方可毕业，其中语、数、外、政、史、地、理、化、生必修课的学分占总学分的 47.2%，而艺术、体育、研究性学习、社区服务、社会实践的学分只占总学分的 33.3%，选修总学分只占总学分的 19.4%。主科课程仍然是学生难以逾越的"雷池"，对于普通高中来说，课时紧，任务重，"高二学生忙会考，高三学生忙高考"。进入数字化时代以来，所有学校学生的成绩都一目了然。不少学者为之感到不安和忧虑，因为被同一个标准衡量过的人，就像机器生产出来的零件，一模一样。

在学业水平测试和高考文、理分科考试中，语、数、外、政、史、地、理、化、生是必考科目，而艺术、体育、研究性学习、社区服务、社会实践只是考查科目。除此之外，大部分高中几乎没有出现过大学预科课程，与英国的"菜单"式预科课程体系相比，这已经是少之又少了，不少学校为了给高考让路，还是压缩了考查科目的学习。建立有信度和效度的评价体系，对于非高考科目不走过场，是对高中课程改革成功的最好检验。同时，在学校与学校之间硬件条件发展不平衡的情况下，场地、设备是否都能支撑技术、艺术、体育与健康和综合实践活动等领域的课程开设，这也是对传统办学模式的一大挑战。没有必要的硬件条件，很多事情想做也做不了。

如果学生"被教育""被学习""被考试"的状况不改变，选修课程的选择权不在学生手中，即使有了"菜单"式预科课程体系，也无法满足学生内心对知识的渴望。

四、高中教育如何更好地满足需求

现在，高中有国家、地方、学校三级课程体系，这种以行政架构为基础的课程体系，到了学校层面，就只能以国家课程体系为主了，国家给地方和学校的选择课程的空间很小。《高中的衔接与选择路在何方》注意到了这一点，文章特别提道，"有些学校开发了很多选修课程，但由于缺乏一定的规范性和目的性，选修课质量不高，与学校整体发展和改革并不匹配"。更令人啼笑皆非的是，社会对学校教育有更多的要求，学校成了一个大箩筐，交通安全教育、消防知识教育、性教育，什么都往里面塞，教务处成了排课处。因此，文章认为，作为高中选修课程开发的主体，国家应该承担更多的责任，在学术要求、职业定位、内容体系、评价等方面进行规范。

高中教育如何更好地满足新课程改革的需要？

首先，要提高高中课程选择性，减少必修课程的权重，加大选修课程的比重。国家相关部门应该赋予学校合理而充分的课程自主权、学业评价权，为学校创造性地实施国家课程、因地制宜地开发学校课程提供保障。高等学校的参与也是必不可少的，专业兴趣不等于专业志向，考试成绩不等于专业能力，高等学校不能停留在到中学搞几个讲座、开放几个实验室这样的形式上，要和新高考、大学自主招生考试结合起来，发掘潜在的人才。从这个意义上讲，高等学校应该是高中选修课程开发的主导，学生是高中选修课程开发的主因，教师是高中选修课程开发的主体。中学教师要研究跨学科的知识融合，整合各类课程，深度开发校本课程。

其次，教师的均衡发展和合理流动是保障高中新课程改革顺利推进的充分条件。中学现在是一个萝卜一个坑，选修课程的选修人数带有很大的不确定性，开设选修课必然要根据学生的需要随时调整课时，配置老师。这就要求学校改变用人体制，加强学校之间的人才交流，实行教师"走校制"，用好、用活、用足优质教师资源。

再次，课程设置要接地气，权力要向一线倾斜。不断变换的办学理念，追风式的课改模式，凌乱而又超负荷的课程，已经让一线老师不堪重负，有老师直呼：让我安安静静教点书吧。有学者认为，"我国中小学教师对课程的整体结构设计和内容选择等改革目标的实施仍然有一种被动接受的情绪，因此我们要在这些改革内容上加强与教师的真正互动"。[①] 高中教育需要在新的教育理念指导下，进一步结合当今的实际情况，落实好国家、地方、学校三者的课程权力，充分保障学校的课程决策权、教师的课程研发权、学生的课程选择权，协调好学校、教师、学生三者之间的课程配置关系，真正做到让学校有积极性，让一线教师有职有权，让学生学有所得。

在生态系统中，乔木、灌木、小草的作用都很重要，都是在自然界生成、发展起来的，互相难以替代。在教育生态中，各个高中学校应该构建起"基础＋特色"的课程模式，共同繁荣，各司其职，为不同潜质的学生提供适合自己的跑道。课程体系的系统性、科学性、价值性三个维度缺一不可，对于某些形式主义的校本课程，学生可以说"不"。

---

① 史丽晶，马云鹏. 基于基础教育课程改革目标的课程实施程度调查［J］. 课程·教材·教法，2016，（5）.

第三节

比较：高中会考与学业水平考试制度

◆ 会考的意义在于它是普通高中毕业资格认定的重要条件，而学业水平考试成绩与高校招生录取适度挂钩；内容也从仅有文化课考试到增加了对研究性学习、社会实践和社区服务的考查。

◆ 要处理好打基础与发展兴趣和特长的关系，实现由"继承型""知识型"人才培养向"开拓型""创造型"人才培养的转变。

湖南省从 2009 年开始试行普通高中学业水平考试制度，普通高中学业水平考试制度虽然"脱胎"于过去的高中毕业会考，但是其考试性质与功能、内容却具有了全新的内涵。2018 年湖南省将全面推进并正式启动高考综合改革，到 2021 年将基本建成符合教育规律、顺应时代要求、具有湖南特色的现代教育考试招生制度，一是建立高中学业水平合格性和等级性考试，合理确定学生等级性考试科目、自主选课办法和成绩呈现方式，促进高中教学模式改革；二是进一步完善高中学业水平考试评价机制，明确高中学业水平考试分为合格性考试和等级性考试，其中等级性考试纳入高考计分范畴。

一、高中会考制度与学业水平考试制度的简要回顾

普通高中毕业会考起源于二十世纪中叶发达国家，现已成为美国、英国、法国、德国、加拿大、澳大利亚、新西兰、日本、韩国以及中国台湾、中国香港等教育发达国家和地区普遍实行的高中阶段的重要考试制度。

为了全面贯彻教育方针，加强教学管理，推动教学改革，大面积提高教学质量，给中学教学以正确的导向，1983 年教中字（83）011 号文件提

出，中学"毕业考试要和升学考试分开进行，有条件的地方可按基本教材命题，试行初、高中毕业会考"。据此精神，上海、浙江、云南、湖南、海南、湖北、贵州、河南等省市先后进行了试验。在此基础上，原国家教委决定从1990年起，用两年左右时间有计划地在全国逐步实行普通高中毕业会考制度。1990年6月6日，原国家教委发出《关于在普通高中实行毕业会考制度的意见》（教基〔1990〕017号），截止到1991年秋季开学为止，全国除西藏以外，各省、自治区、直辖市都已陆续开始实行会考制度。1991年，我省开始实行会考制度。2000年，国家教育部《关于普通高中毕业会考制度改革的意见》（教基〔2000〕012号）指出，"各省、自治区、直辖市对普通高中会考改革具有统筹权"。2000年，各省都对会考制度形进了改革和完善，我省将会考管理权下放到学校。

从2004年起，一些省份相继进行普通高中新课程实验，普通高中学业水平考试应运而生。教育部《关于普通高中新课程省份深化高校招生考试改革的指导意见》（教学〔2008〕4号）明确提出，"各地要加快建设在国家指导下由各省份组织实施的普通高中学业水平考试和学生综合素质评价制度"，为高校招生提供参考依据。教育部《关于实施普通高中学业水平考试的指导意见》将学业水平考试定位为"普通高中学业水平考试是在教育部指导下由省级行政部门组织实施的国家考试，是依据普通高中课程标准实行的终结性考试，旨在全面反映高中学生在各学科所达到的学业水平"。

2008年11月13日，为全面实施素质教育，全面落实普通高中新课程方案，省教育厅印发了《湖南省普通高中学业水平考试实施方案（试行）》（湘教发〔2008〕79号），确定从2009年开始在全省实施普通高中学业水平考试制度，制度实行后普通高中毕业会考取消。

2016年4月，我省出台了《湖南省深化考试招生制度改革实施方案考试招生制度改革整体方案》，明确高考考生总成绩由统一高考的语文、数学、外语3个科目和高中学业水平考试3个科目成绩组成。计入高考总成绩的高中学业水平考试科目，由考生在思想政治、历史、地理、物理、化学、生物等6个科目中自主选择3科，不分文理科，形成分类考试、综合评价、多元录取招生模式，改革考试形式，科学利用学业水平考试评价反馈机制，推动普通高中学校课程改革。

二、高中会考制度与学业水平考试制度的比较

1. 性质和功能比较

普通高中毕业会考和高中学业水平考试的成绩是衡量普通高中学生毕业的主要依据，是反映普通高中教育教学质量和办学水平的重要指标，也是各级行政部门进行普通高中课程管理，规范办学行为的重要手段。对保证高中课程的全面开设、避免少数学生过早进行文理分科方面起着不可替代的作用。但是，高中毕业会考是与高校招生选拔考试具有不同性质的考试。会考的功能在于它是普通高中毕业资格认定的重要条件，即思想品德表现（包括社会实践）合格，会考成绩达到学籍管理中毕业生文化课成绩合格标准、体育达到合格标准的学生，方可以取得普通高中毕业证书。性质是国家承认的省级普通高中文化课毕业考试。

与高中毕业会考相比，高中学业水平考试被赋予了一项举足轻重的功能，其成绩被作为高校招生录取的依据之一。从2008年以后出台的高中新课改各省份高考方案来看，挂钩形式不外乎"硬挂钩"与"软挂钩"两种。湖南省是"软挂钩"，一般要求学生学业水平考试成绩合格，才被本科院校录取。在高考分数相同的情况下，高校可以优先录取学业水平考试A等级的考生。

2014年《国务院关于深化考试招生制度改革的实施意见》（国发〔2014〕035号）颁发，学业水平考试是学生毕业和升学的重要依据，旨在增强高考与高中学习的关联度，考生总成绩由统一高考的语文、数学、外语3个科目成绩和高中学业水平考试3个科目成绩组成，考生根据报考高校要求和自身特长，在思想政治、历史、地理、物理、化学、生物等科目中自主选择，高中学业水平考试具有了"硬挂钩"的职能。

2. 考试内容比较

普通高中毕业会考采取考试和考查两种方式。考试科目为语文、数学、外语、政治、物理、化学、生物、历史、地理，考试方式为笔试。考查项目为劳动技术课和物理、化学、生物的实验操作。考查科目只分合格和不合格两等，主要考察高中学生的动手实践操作能力。体育课由各校按教学大纲规定的内容进行考试。命题标准是以教学大纲为基本要求，结合本地区教学实际，试题难易适度，分量适中，使按照教学要求坚持正常学习的学生，一般都能达到会考要求的标准。

学业水平考试涵盖普通高中课程的8个学习领域的全部科目，是评价学校、教师教育教学和学生学习状况的完整体系。学业水平考试由考试与考查两部分组成。考试科目为语文、数学、外语、物理、化学、生物、思想政治、历史和地理9个科目，考试方式为笔试。考查科目为信息技术、通用技术、音乐、体育、美术、研究性学习活动、社会实践、社区服务、物理实验操作、化学实验操作和生物实验操作等11个科目。综合考查科目为除研究性学习、社会实践和社区服务3个科目以外的全部考查科目，是必修学分模块教学全部完成后的综合测试。

按照过去的相关文件规定，文理分科要到高三才能进行，因为教学大纲要求学校在完成了所有高中课程学习之后才能进行文理分科。但为了应对高考，实际上目前的学校文理分科都是从高二开始的，有的学校甚至在高一的招生广告中就分出了文科重点班和理科重点班。由于文理分科，理科生要远离历史、地理等人文社会科学知识，文科生则要远离物理、化学中一些最基本的自然科学知识，这样，促进人的全面发展，提高人的综合素质，就成为一句空话。学校对升学率早已不是片面追求，而是全面追求、全员追求、全方位追求。

2021年开始，湖南高考实行"3＋3"模式（语、数、外＋学业水平考试3个科目），高中学业水平考试实行合格考＋等级考以后，着眼点落在了高中教育的"学业"二字上，考试范围覆盖国家规定的所有学习科目，引导学生认真学习每门课程，避免严重偏科。所以，与高中毕业会考相比，学业水平考试和高考挂钩更加紧密，和新课程改革更加紧密，凸显出学业水平考试的导向功能，即高中教学的主要目标是完成高中学业，这是升入高等学校的必要条件。

三、对高中会考与学业水平考试的思考

1. "双重任务"导向高中教育的偏与颇

会考制度的产生有着特定的历史背景。80年代后期，由于单一高考对承担"双重任务"的高中教育导向的偏颇，高中教学片面追求升学率的现象愈演愈烈。为了抑制这种不良现象，原国家教委决定改革考试制度，建立高中毕业会考制度，将水平考试和选拔考试分开。90年代后期，社会上对高中毕业会考制度有了不同意见，会考和高考分道扬镳成为高中教育的两根指挥棒。到了2000年代，全国大部分的省市实行"3＋X"模式，强调理、化、生或政、史、地学科之间的整合，强调对学生能力的考察；而会考还是延袭以前的老路子，按照各个学科考察知识点，把课本的内容分解为若干知识点进行考察。所以高中教学的目标变成两个，教学计划变成两套。考试出版机构发行的各种会考、高考辅导资料、模拟试卷，成为学生不可缺少的学习资料，加大了学生的课业负担。而且会考是学完一门考一门，年年都要考，形成了"高一、高二忙会考，高三忙高考"的尴尬局面。在会考之前的几个月，非会考科目都必须为会考科目让路，正常的教学受到冲击，广大师生深受其苦。

正是由于会考和高考成了"两张皮"，和学生抢时间、抢精力，会考良好的出发点成了学生的包袱。在一片反对声中，会考以权力下放学校的形式体面地退出了考试舞台，高考科目成了神圣不可动摇的学校课程主体，一切非高考科目都必须为高考科目让路，新课程改革举步维艰，有夭折之势。实行"3＋3"模式以后，高中学业水平考试实行合格考＋等级考，学考走过场就不可能了，同时，还兼顾到了"偏与颇"的个性化问题。

2. 如何处理全面打好基础与发展兴趣特长的关系

高考是学生学习的"指挥棒"，高考考什么，学生就学什么；高考不

考的，学生就不好好学。如何以全面推进素质教育为宗旨，建立对学生多方面能力发展的评价体系，有效地引导普通高中教育面向全体学生，关注个体差异，有效地促进学生健康发展，发挥考试、评价的积极功能，进一步调动每一所高中的办学积极性，大面积提高教学质量，给高中学校以正确的导向，是高中学业水平考试所关注的。就管理层面而言，要全面落实课改要求、执行课程方案；就教学层面而言，要准确把握普通高中教育培养目标，对本学科课程标准作出基础性判断，准确把握本学科的课程目标、课程特点、课程内容和课程方法；就学习层面而言，在初中和高中学习中懂得掌控自己学习计划的学生会有优势。

学业水平考试目的是要回归基础教育的本源，构建一个衡量高中教育教学质量，促进学生全面发展的质量评价体系。像所有的新生事物一样，学业水平考试作为一种新的考试制度也有一个逐步完善的过程。人们不希望学业水平考试成为一次小高考，不希望学业水平考试重蹈高中会考的覆辙，学业水平考试不能停下不断完善的脚步。

3. 如何实现由"继承型"人才培养向"创造型"人才培养的转变

实现由"继承型"人才培养向"创造型"人才培养的转变是现代教育的重要任务。由于学生的资质不同，给予每个学生同样水平的教育并不是公平的，天才学生需要更高水平的智力引导，传道授业解惑是有针对性的。"事实上，每个学生都拥有多种潜能，它们彼此之间协调一致，但是它们的实现却是相互冲突的。如实地来说，一种潜能的实现不等于所有潜能的实现。每个人都有不同的生活，这种生活的多样性取决于每个人自己所作出的不同选择。对于许多种生活来说，真实的情况是，选择了其中一种，就排除了其他种。选择既是肯定性的，同时也是排他性的"。① 因此，学校不能打着全面发展的旗号，要求学生门门课程的考试成绩都要在80分以上，或者按学科平均分给班级排名，按学科总分给个人排名，增加学

---

① 伊斯雷尔著，石中英 涂元玲译，人类的潜能——一项教育哲学的研究 [M]. 上海：华东师范大学出版社，2006 年.

生的压力。补考成绩也是成绩，只是有的学生掌握知识快一点，有的学生慢一点，晚一点达标并不代表潜能没有实现，也不代表没有很好实现。

实践证明，创造教育的许多成果都是在创造活动中取得的。课程环境是实施创造教育不容忽视的重要渠道，课程环境在学生身心发展过程中具有导向、规范和激励的功能，对学生创造力的培养具有不可替代的潜移默化的作用。课程设计尤其要注重兴趣性原则、激励性原则和个性化原则，通过创造性个性品质培养训练，塑造健全的创造性人格。对学业水平考试"度"的把握尤其重要，不能平时厚此薄彼，考前又去搞什么突击计划，加课补课，剥夺学生的休息权利。因学业水平考试而打乱正常的生活、学习秩序，有悖于学业水平考试的初衷，营造和谐的校园环境氛围对实施素质教育是必不可少的。"基础型"课程倾向于知识的传承，"拓展型"课程倾向于学力的开发，教学内容的加减乘除必须操之有度。

总之，从高中毕业会考到学业水平考试，考试制度一直在不断探索，其根本目的是为了学生的发展。教育改革需要在实践中不断完善，正如人们所期望的那样，造就一代全面发展而又富有创新精神的新人。

第四节

呼唤：高中学业水平考试顶层设计与基层对接

◆ 高中学业水平考试改革的内涵是全面考核与自主选择兼顾，促进学生的个性发展，同时，与高校选拔考查相结合，促进高中、大学的有效衔接。

◆ 高中学业水平考试要从建立现代教育教学体系、教师专业发展支持体系、学生发展支持服务体系和校本课程开发四个方面推进，以更好地推进高中课改。

2014 年 12 月 10 日，教育部出台了教基二 [2014] 10 号《关于普通高中学业水平考试的实施意见》（以下简称为《意见》），启动了新一轮的高中学业水平考试改革，并注入了新的内涵，其意义不仅局限在考试层面上，更是促进了高中教学体系的深刻变化。

一、高中学业水平考试改革的内涵

1. 高中学业水平考试科目的"变"与"不变"

与以前的学业水平考试方案相比，《意见》中的"国家标准、省级实施、全科覆盖"没有变化，但是，"科目可选、成绩分等、学完即考、两次机会"是新的变化。核心是高考除语、数、外 3 个学科以外，学考科目政、史、地、理、化、生 6 个学科文、理不分，学生结合高校相关专业的要求和自身特长，在政治、历史、地理、物理、化学、生物等科目中自主选择 3 个科目，其他学科"合格"即"优秀"，不必分分计较。考生自选，成绩分等，与高校相关科目挂钩，以作为录取依据。至此，高中与大学不再是一个分数的对接，而是一个兴趣与专业基础的对接，有利于高校科学选拔适合学校特色和专业要求的学生，促进高中、高校人才培养的有效衔接。

2. 高中教学方式的"变"与"不变"

班级形态依然存在，这是"不变"的一面，但是，教学班级的学生与行政班级脱离，这是最大的"变化"。西方近代教育理论的奠基者扬·阿姆斯·夸美纽斯（1592—1670 年）提出的统一学校制度、班级授课制度，至今已有 300 多年，但是，夸美纽斯也不会想到，班级授课制度还会衍生出行政班级管理制，还会产生出一个行政首脑——"班主任"。现行的班级授课制，仍然是行政班级管理制，将几十位参差不齐的学生编入一个综合性班级，每天学习同样的课程，做同样的作业，考同样的试卷，用同一个标准评价学习。《意见》明确对高考进行改革，而由高考变化导致的"走班制"教学就是其中一个焦点。所谓"走班制"是指学科教室和教师固定，学生根据自己的能力和兴趣、愿望选择符合自身发展层次的班级上课，不同层次的班级，其教学内容和程度要求不同，作业和考试的难度也不同。"走班制"打破了统一的学校行政班级管理制度、平行班级授课制度这个传统，把更多的课程选择权交给了学生，把更多的课程开发权交给了教师。它有利于教师进行分层教学，使"因材施教"真正落到学生个体身上。由此，高中教学由"卖方市场"变成了"买方市场"，学校的教育资源要围绕学生的需求进行配置。

二、高中学业水平考试改革在实践层面上的意义

1. 学考的"含金量"增加了

学业水平考试改革后，成绩的使用有了巨大的变化。如果说过去学业水平考试是与高考"软挂钩"，学考成绩仅供高校招生时参考而已，现在却是"硬挂钩"了。学业水平考试成绩以"等级"或"合格、不合格"呈现，计入高校招生录取总成绩的学业水平考试 3 个科目成绩以等级呈现，其他科目一般以"合格、不合格"呈现。以等级呈现成绩的一般分为五个等级，位次由高到低为 A、B、C、D、E，原则上各等级人数所占比例依次为：A 等级 15％，B 等级 30％，C 等级 30％，D、E 等级共 25％。E 等

级为不合格。学业水平考试与高考"硬挂钩"后，考试的严肃性、教学的目的性都增强了，不再是人们俗称的"水考"了。

2. 扬长和避短并行，更加彰显学生的个性

目前，高中学校有一条红线不能逾越，就是必须开足高考课程，保证学生的升学竞争力。学业水平考试改革前，多数学校按文科班和理科班教学，其他非高考科目虽然有学考"督战"，但是，由于学考的难度系数小，因此，学校走过场的多，临时突击的多，课程的选择权仍然不在学生手中，高考"指挥棒"的魔力仍然挥之不去。我们知道，学生并不是整齐划一的，更不是从一个模子里刻出来的，高中学生各有所长，也各有所短。现在学生可以文理兼修、文理兼考，选择权下放，扬长和避短并行，满足了学生的个性需要，可以让学生的拔尖科目脱颖而出，让学生的薄弱科目有一个避风良港。

同时，改革后的学业水平考试将学生选考的三门分散在高中三年考试，原则上为高一年级二个科目左右，高二年级六个科目左右，高三年级六个科目左右。学生还有参加同一科目两次考试以及更换已选考科目的机会，一次没有考好，调整以后可以再来。从操作层面上讲，就是允许学生同步选修、回头重修。这样，既减少了高三年级的备考门数，降低了学生的学习强度，又缓解了学生的心理焦虑和精神负担，增加了学生的心理迂回空间。也许，有的学生会说"没有最好，只有更好"，"我要用好、用足每一次机会，多次尝试"，毫无疑问，这会庸人自扰，自乱阵脚。

3. 以走班制为抓手，为教学模式改革提供有利条件

人与人之间存在横向差异，人的成长过程中存在纵向差异。面对差异，班级授课教师往往持负面态度，总是希望一个行政班能够齐头并进，因此，课堂教学内容常常"立足中间，兼顾两头"，进度高度统一，最后，好心办坏事，好的吃不饱，差的吃不了，两头都丢了，殊不知个体差异正是走向卓越的重要前提。调整教学组织方式，把走班教学落到实处，可以满足学生个性化学习的需要，如一个理科倾向的学生化学相对落后，其他科目优秀，他可以选择 B 班的化学。走班制充分赋予了学生主体地位，克

服了传统的班级授课制下各类学生同读一本书，同上一节课，同做一本练习的缺陷，最大限度地让不同学习基础、不同学习能力的学生获得与自己最相适宜的发展环境。以走班制为抓手，中学才可能逐步改变统一的学校课程体系，使以学生个体为中心的课程模式取而代之。

三、基层如何对接高中学业水平考试顶层设计

1. 学生如何避免选课、走班的盲目性

"我的课程我做主"。高中学业水平考试改革实施以后，学生成为课程的自组织者，中学不能强制为学生确定选考科目，而必须为学生提供可选择的多样化课程。没有自我认知，便不知正确的方向。由于学生了解、熟悉某一课程需要一个周期，不可能一步到位，一劳永逸，中间难免会出现一些反复和波动，学生甚至会在复杂的课程体系中更加迷茫。暂时的迷茫能让学生有更多成长的空间，但是持续在迷茫中徘徊是不可取的，因此，选课制要求学生通过一段时间的学习，初步了解这门课程后，自我制订学习计划，自我监控学习过程，在学习中学会选择，作出选科最优方案。在这样一个背景下，各个学科有必要开设本学科的"导论"课程，讲一讲本学科有什么特点，主要内容是什么，学习要求、方法有哪些？特别是要讲清楚难点在哪里，什么样的学生适合选这门课程。

"我的班级我选择"。权力越大，责任也就越大，学生要学会正确评价自己，自我定位，准确估计自己的能力，找到起跑线，找到将来发展的方向，做到实力定位，兴趣定向，有效搭建自我发展的平台。走班制实行后，行政班主任的督促功能可能会弱化，对于学习目标明确，学习自理能力强的学生来说，走班制有利于他们更好地发挥自己的潜能。但是，对于学习能力差、自觉性差的学生来说，会遇到前所未有的挑战，可能会在放任自流中迷失自我。所以，学生必须在成长导师的指导下学会规划人生，提高兴趣点、竞争力、成长目标之间的匹配度。学校必须提高教师对学生人生发展规划的指导能力，从学法指导、心理辅导、品德培养等几个着力点上给予学生人文关怀。

走班、选课制和行政班级授课制都是教学手段，不应厚此薄彼，搞一刀切，必须基于学生的知识基础、学习兴趣与能力，作出恰当的选择。不能为走班而走班，为选课而选课，自然过渡比一哄而上要有序、有效得多，走班要有实切性，要有适应期。走班制和行政班级授课制结合起来，可以相得益彰。初中毕业生刚刚跨入高中门槛，对高中课程知之甚少，例如，初、高中物理在学习内容、侧重点方面均有不同，初中物理学得好，高中物理不一定有优势。第一，初中物理多以生活现象为模型呈现知识，高中物理多以抽象模型为载体呈现知识；第二，初中物理多定性了解物理规律，高中物理多定量求解物理问题；第三，初中课程的问题多是单因素的因果逻辑关系，高中课程的问题则涉及多因素的复杂逻辑关系。所以，在高一学段不妨先搞行政班级授课制，开足部颁标准课程，让学生对高中课程体系有一个了解和体验，并培养好学习习惯，到高二学段再根据需要搞走班、选课制。甚至可以根据学生的复合性需要对某些课程实行走班、选课制，某些课程仍然实行行政班级授课制，只要有利于教学，任何一种授课制都可以去尝试。

2. 教师如何实现差异化教学

选课、走班制的特点是"分层教学、分类指导"，这和现在许多学校实行的重点班、实验班、普通班做法有相似之处。对于生源比较好的学校来说，如鱼得水，如虎添翼。但是，对于生源比较差的学校来说，如果学习基础差、学习习惯差的学生集中在一起，传统上的"领头雁"不见了，学生的学习积极性如何调动？教学质量如何监控？这是一个全新的课题。

现在，对于重点班、实验班，学校抓的是升学率，对于普通班学校抓的是达标率。"好"学生有短腿科目，"差"学生有擅长科目，选课、走班制实行以后，学生会出现均质化差异现象，不同教室里的学生学科倾向、学科层次差异明显，而同一教室内部"好"与"差"的现象淡化。因此，选课、走班制要求班级授课模式转型，教师要立足于不同的均质群体和学科内容的层级差异，推行不同的教学模式，如"讲授""合作探究""自主学习"，对于优秀的均质群体来说，"合作探究""自主学习"更有利于激发兴趣，锻炼能力。

在教学方法的选择与运用上，对于不同均质和学习风格的学生，要用哪些方法，以及各种方法如何搭配是选课制、走班制推行后教师应当优先考虑的问题。这就需要老师们具有新的课程理念，善于运用新的课程资源，把控好教学目标，熟悉教学内容，不仅要让学生喜欢，更要让学生学有所得。

3. 校本课程如何开发，以更好地满足学生多样化的学习需求

选课制、走班制将会导致一个学校、一个年级的学习主体多元化，学习要求多样化，这就需要对国家课程进行二次开发。国家课程校本化、校本课程特色化，意义即在此处。但是，校本课程不可能一蹴而就。许多学校都想做一道色香味俱全的"美味佳肴"，既香飘万里，又经济实惠，校本课程追大求全，标新立异，结果是学科自闭，缺乏整合；问题失真，学生盲从；预研不足，积淀不深；轰轰烈烈开始，虎头蛇尾收场；自媒体炒作有余，实实在在的成绩不足。吃透国家课程标准的价值取向是前提条件，开展校本行动研究、课例研究是重要保障。

校本课程的特色在哪里？校本课程首先要针对自己的学生，依据自己的校本资源，确定自己的特色。从校本课程方案、校本教材到校本实践，要有内生性。编写校本教材不能搞"天下文章一把抄"，更不能模拟教辅的写法，搞成学习资料汇编。校本教材有两个核心，一是"正文"部分，二是"活动"部分，"正文"部分具有可读性，"活动"部分倾向于生成性。以校本课程为契机，学生若能拓展出新的知识，形成新的能力，这才是校本课程的基本功能。校本教材要有一个实验期，要先实验，后评估，再修正，最后出版。否则，容易炒成夹生饭，食之难咽，弃之可惜。

4. 学校如何调整课程管理模式，为一线教师排忧解难

工作量的计算一直是学校管理的基础，教师的考核评优也是以工作量为基本依据进行的，绩效工资的分配更加离不开工作量的计算。在走班制实施以前，学校可以将班额人数控制在 40～50 人左右，教师的授课时数可以统一安排至满工作量为止。实施走班制以后，因为高校各个专业选考

科目各不相同，因此，教学班的学生人数会出现差异，特别是规模小的学校，会出现微型教学班级。对于这种情况，学校不应对任课教师的业务水平妄加猜测，更不能从经济效益的角度进行简单的合班，干扰学生的自主选择。中国科学院程开甲院士是我国核武器事业的开拓者之一，抗战时期，他在浙江大学学习，大学从浙江到贵州一路迁徙，条件十分艰苦。大学二年级时，他选修了相对论，开始时选相对论课程的人很多，最后只剩下了他一个人，这门课程最终变成了师生两人的"相对"论，两人面对面切磋、研讨。这种面对面的教学和讨论，让他学得十分扎实，并很好地完成了毕业论文《相对论的 STARK 效应》。[①] 试想，如果浙江大学当初以选课人数太少而取消这门课程，如果因为学生流失仅剩下一人而怀疑教授的教学水平和敬业精神，今天我们可能就会失去一位核物理学家。

现在，老师们普遍关注的问题是：我这个科目有多少学生选考（高考）？对于高考科目和非高考科目、与高考"硬挂钩"和"软挂钩"的学考科目，教学质量如何认定？教高考科目的老师常常成为学校的"座上宾"，受到学校领导的青睐，奖励政策常常向之倾斜，课程评价被窄化成了考试评价，考试分数被强化成精细化管理的工具。因此，课程管理模式急需进行改革，不能再以分数论英雄，以人数论效益，而应当以各个学习体的目标达成为评价标准，引导学生科学分流学习，教师科学分类教学，真正把全科育人落到实处。特别要加强校长和教师培训，转变人才培养观念，创新人才培养模式；加强设施设备、师资配备等方面的条件保障，满足教学需要。

毋庸讳言，一批优质名校拥有优秀的师资、优秀的生源、优秀的硬件，已经进入良性循环，一路领跑课程改革。高中改革最大的难题在于课程改革"如何在被层层筛选后的学校实施有效的课程政策，将课程改革顶层设计的基本意图细化落实到每一所学校、每一个班级、每一门课程中，

---

① 程开甲. 影响我一生的求学时代 [J]. 新课程评论，2016，(9).

仅看到个别学校的成就不能超越低阶的课程改革"。① 高中学业水平考试改革是一个系统工程，顶层设计呼唤基层对接，更呼唤普通中学与之对接，没有占比最大的普通中学与之对接，顶层设计仍然是空中楼阁，并且容易变成形式和口号。

对接高中课程改革的顶层设计，要从建立现代教育教学体系、教师专业发展支持体系、学生发展支持服务体系和校本课程开发四个方面整体推进，在学生日常管理上，由学科教学向学科育人转变，实现全员育人；在教学组织形式上，实现由综合性班级向学科分层选课制班级转变，实现适度育人；在课堂学习上，实现由教师、课本为中心的单一灌输方式向讲授、探究、讨论等多样化方式转变，实现个性化育人。学校的均衡化发展不仅涉及教育公平问题，而且还是高中课程改革的顶层设计与基础对接的充要条件。在教师管理上应该摆脱"单位人"的束缚，实现一定范围内教师的有序流动，以确保人尽其才，人尽其用。教室重置，行政班级教室要转化为学科班级教室，课程重组，一人一张课表，必要的人、财、物保障势在必行。

① 李孔文. 学校：课程制度创新的生长点［J］. 课程·教材·教法，2016，(3).

第五节

冲击：大学自主招生考试与高中新课程改革

◆ 日新月异的社会发展对高等教育和基础教育提出了新的要求，从基于工业化的传统教育向信息化的创新教育转向，为大学自主招生制度改革提供了条件和可能。

◆ 让每一个学生在获得基础知识的同时，获得心智的发展，是自主招生制度改革的真正出发点和落脚点。

2003 年，当教育部宣布"全国 22 所部属高校作为高考自主选拔录取首批试点院校"后，曾在全国引起强烈反响，被教育界人士称为"我国高招制度的破冰之旅"。《国家中长期教育改革和发展规划纲要（2010—2020年）》指出："学校依法自主招生，学生多次选择，逐步形成分类考试、综合评价、多元录取的考试招生制度。"高校在自主考试与面试的基础上进行初选，入选的考生参加全国统考，成绩达到学校同批次录取控制分数线以上的可以由学校决定录取，这项改革使高校有了更多的招生自主权，扩大了不拘一格选拔人才的操作空间，对中学教育起着积极的导向作用。

一、实行大学自主招生考试的必要性

对于教育，我们自然会想起"钱学森之问"：中国究竟为什么出不了杰出人才？进行高考制度的改革，克服"一考定终身"的弊端，是破解"钱学森之问"的对策之一。

1. "千军万马过独木桥"有悖于学生的生命活动规律

20 世纪 80 年代中期，我国教育界出现了一种愈演愈烈的现象，就是以应付高考为目的组织教育教学活动，片面追求升学率。具体表现在"以学备考""以考备考"，用考试体系取代正常的学习体系，甚至违背人的生

命自然活动规律，采用淘汰式的教育模式，导致教育的性质严重扭曲变形，学生高分低能以及人格的发展失衡。例如，一些学校在追求升学率的过程中，为了使学生牢固地掌握所要考试的知识，不惜通过大量的过度复习以取得好的成绩，忽视了学生的真实潜能，剥夺了学生的学习兴趣。尽管许多考生通过高考进入了大学，但他们对高考却没有"感恩情结"，在他们的记忆里，高考往往和激烈的竞争、昏天黑地的复习相伴，和鏖战题海相关联。长期以来，不少学校将"升学率"视为自己的主要任务，学校一切活动都围绕高考展开，忽视人的发展需求，不鼓励有差别的发展，用统一的模式限制学生的自主选择，严重挫伤了学生个性、特长的发展，有良知的学者无不为之焦虑。"钱学森之问"有如醍醐灌顶，令人感慨，"苏霍姆林斯基的一段话是发人深省的：如果学生有了一门喜爱的学科，那么你不必为他没有在所有学科上取得五分而不安。应当使人更为担心的倒是门门成绩优秀但没有一门喜爱的学科的学生。多年的经验使我确信，这种学生是不懂脑力劳动快乐的平庸之辈"。①

2. 中学应试教育和大学选才要求已经形成了一对矛盾

中学应试教育似乎和高考是无缝对接，高考考什么，学校就教什么，学生就学什么，怎么会形成一对矛盾？高考是选拔性考试，高考的竞争实际上是分数上的竞争，最大的长处是公平、高效，最大的不足是缺乏个性，压抑了学生的创新精神。高考对中学教育的最大影响是"素质教育喊得轰轰烈烈，应试教育抓得扎扎实实"，学生无法从应试教育中解脱出来。

统一的高考更多强调的是共性，要上一本线，门门课都要优秀，否则，总分就要掉下来，越来越多的素质很高却不擅长应试的学生和"特长突出、考分疲软"的"偏才""怪才"被拒之门外。长达1300年的科举考试造成了中国人的状元情结，但是，中南大学教授蔡言厚课题组通过调查发现，所谓的"高考状元"未必能成为社会的顶级人才，在跨出大学校门

---

① 顾泠沅. 增强选择性是学校改革的基本主题 [J]. 课程·教材·教法，2009，(8).

之后能不能成为社会精英，与高考成绩排名无关。他们在报告中说，"最成功的人，一般在中学阶段成绩在班中排第十名左右，而不是第一名。当然，更重要的一点，他们有冒险精神，绝对不是只懂得解题、不懂思考的书呆子"。[1] 高考的本质究竟是什么，高考又有何功能？这需要我们进行认真的理性思考。高考是高利害的考试，"当前，高中教育最大的问题是功利主义盛行、教育行为短视，在教育公平名义下的以分数为唯一标准的简单评价仍大行其道。长期以来，基础教育教学体系是架构在以高考、中考为龙头的环环相扣、层层相连的严密组织之中，用结果制约过程一直是其思考和运作的惯例，并且成为一种社会标识，使得素质教育难以真正落实"。[2] 因此，自主招生考试就是要选拔特长突出、有创新潜质的苗子，形成对高考的有益补充，以缓解中学应试教育和大学选才要求这对矛盾。

二、实行大学自主招生考试的合理性

对于高考制度的改革，有人形容它是"美丽幻觉，尴尬现实"，分数面前人人平等已经深入人心。但是，"一纸定终身""一考定终身"才是最大的不公平，毫无个性的高考人才选拔制度，更倾向于社会情绪认知，对于个性差异的理性认知在高考选拔中被忽视了。大学自主招生考试为人才的选拔提供了一个平台。

1. 符合人才的成长规律

人的发展是不平衡的，有的聪明早慧，有的大器晚成；有的全面发展，有的偏科偏才。"一考定终身"的统考模式，"一刀切"的评价方式，未必就是公平合理的。物理学家爱因斯坦三岁才咿呀学语，直到10岁时，父母才把他送去上学。可是，在学校里，爱因斯坦由于反应迟钝，经常被教师呵斥、罚站。在讥讽和侮辱中，爱因斯坦慢慢地长大了，升入了慕尼黑的卢伊特波尔德中学。在中学里，他喜爱上了数学课，却对其余那些脱

---

① 傅国涌. 告别状元情结 [J]. 基础教育课程，2007，(8).
② 施洪亮. "综合素质评价"改革朝哪里去 [J]. 教育科学研究，2016，(4).

离实际和生活的课不感兴趣。1895年秋天，爱因斯坦报考瑞士苏黎世大学，失败了，他的外文不及格。落榜后的他参加了中学补习，一年以后，考入苏黎世综合工业大学。我国一些大师级的文学家如郭沫若、曹禺、巴金等在中学读书期间都有偏科现象，按现在的高考标准，是很难被高校录取的。招生部门作为学校和国家选拔优秀学生的部门，应该实行不拘一格选人才的多元化招生政策，除了把学习成绩一贯都很优秀的学生招收进大学，也要为那些有思想、富有创新精神和创新能力的优秀青年学子，以及一些一次考试失误但综合素质突出的优秀高中毕业生创造条件，使得他们也有机会进入高校，最终在大学完成人生最重要阶段的重大飞跃，成长为具有国际视野的、富有创新精神的、在各领域起引领作用的拔尖人才。

2. 推动了中学课程改革

高校自主招生考试侧重考查学生对知识的灵活应用和课外的拓展学习，这样的考法对高中教学是一种很好的引导，教学不能死抠课本，对有兴趣、有潜力的学生，可以开设选修课，安排一些拓展内容，多阅读感悟、多积累知识、多参加社会实践活动。在北京大学、清华大学、复旦大学、上海交大、中国科技大学、浙江大学等高校的自主招生考试题中，我们可以看到一些别开生面的题目："你认为，新增清明、端午、中秋节三个假日，是出于何种考虑？""在电视上，新闻节目主持人和远方记者通话，为何有时会出现远方记者'反应迟钝''慢一拍'的情形？""诺贝尔文学奖获奖作品却总是缺少读者，分析这种现象。"……这些题目都没有标准答案，重在考查学生的全面素质。除了对思维能力、创新能力的考查，自主招生面试还很关注学生的道德意识、社会责任感和对各自高校的认同感，学生如果不积极参与社会实践活动，不了解身边的生活常识，闭门造车，或者搞题海战术，是无法通过自主招生考试的。过去，我们的中学教师把教科书看作是"圣经"，不敢逾越半步，学生把标准答案看作是"命根"，不敢有半点违反，如此探求学问，无异于死读。大学要解决独立思考和批判思维的培养问题，需要一批有发展后劲的学生，在选拔人才时青睐的是有创新潜质的学生，而不是"圈养"的学生。

高中新课程改革已经走过了 10 多个年头，在教育部制定的《普通高中课程方案（实验）》中有提道：普通高中课程应"精选终身学习必备的基础内容，增强与社会进步、科技发展、学生经验的联系，拓展视野，引导创新与实践。适应社会需求的多样化和学生全面而有个性的发展，构建重基础、多样化、有层次、综合性的课程结构。创设有利于引导学生主动学习的课程实施环境，提高学生自主学习、合作交流以及分析和解决问题的能力"，"学校要鼓励学生在感兴趣、有潜能的方面，选修更多的模块，使学生实现有个性的发展"。本次高中新课程改革的一个亮点，是推行学习领域和模块，开设必修和选修模块课程。从课程角度看，开设选修模块课程可以促进学术自由，使课程跟学生旺盛的求知欲和广泛的兴趣结合起来，教学服务于学生的发展，体现以学生为本的主体精神。

3. 推动了中学教学方法的改革

自主招生考试从一开始就引发了一些担心，除了担心考试公平和效率的问题外，有人还担心是否会引发新的一轮"应试教育"，比如社会上办的"个性化辅导班""面试辅导班"。但是，从近些年的实践情况来看，这些担心是多余的。首先，大学自主招生考试各高校考试模式不同，试题灵活，无规律可循，猜题押题没有市场。那些被冠以"神"字的题目，其实背后都有逻辑，答得好不好，得分高不高，全看考生答题时的思辨、语言和构想能力。因此，很多大学教授给考生出的题目根本没有"非此即彼"的唯一答案——这给长期习惯题海战的高中生们发出信号：比做对题目更重要的，是练就理解题目、调用知识积累解决问题的能力。一些问题看似很"浅"，却是"绵里藏针"，通过问答考察学生综合运用知识的能力，答好并不容易。2016 年中国科学院大学面试中，考官提出了阿尔法狗、高考制度、德国总理访华等热点问题，让考生大呼"烧脑"。这些"另类"题目表明今后高中教学中要注意开阔学生的视野，启发他们的发散性思维。现在，很多高二学生为了应付高考，要放弃一些"别出心裁"和"科学幻想"去迎合标准化考试，这几乎成了他们无法逃避的宿命。出现这样的状况不仅折射出所谓素质教育与高考入学资格的矛盾，也反映出在如何对待孩子的创新能力和"出格人才"方面的困惑和无奈。大学自主招生考试别具一格的试题可以影响到学校对学生创新思维的重视和培养，从而为中学课堂教学方法改革提供了一个很好的平台。

三、自主招生考试之建议

2016年4月湖南省颁布了《深化考试招生制度改革实施方案》，方案指出："按照国家总体要求，结合湖南省情，在2014年启动考试招生有关单项改革的基础上，2016年出台我省考试招生制度改革整体方案，2018年全面推进并正式启动高考综合改革，到2021年基本建成符合教育规律、顺应时代要求、具有湖南特色的现代教育考试招生制度。形成分类考试、综合评价、多元录取招生模式，健全管理监督机制，提高人才选拔培养水平，促进教育公平，为湖南社会经济发展提供强有力的人才和智力支持。"

1. 自主招生考试应该和高考有所分工

从全国各大高校的自主招生情况来看，有的学校还是按高考大纲命题，自主招生考试只是从全国命题变成了高校命题，仍然是从高分到低分排队，学生改变不了被分数束缚的尴尬局面。

自主招生考试录取的应该是什么样的学生？选拔的是"杰出而偏科的学生"还是"学习成绩全面优秀的学生"？这是值得思考的问题。如果没有当年的破格录取，就没有钱钟书、华罗庚、季羡林、闻一多、吴晗、曹禺、臧克家这些大师，因为在当时他们都没有考上大学，都是被慧眼识才破格录取的。如果大学招生能以招到多样化的学生群体为荣，而不只是整齐划一的群体；如果我们的大学尽可能地保持多样化，更大程度地向"偏才""怪才"开放，而不是只盯着全才，自主招生考试的作用才能凸显出来。

我国现行"一张卷子考试"的同质化招生模式，从长远方面考虑，不利于民族智力水平的发展。高考以纸笔测验为主，局限性很大，试题强调能力立意，但是情感态度、价值观却无法检测。考试答案唯一，一把尺子量到底，貌似公平，却扼杀了学生的个性。有专家指出，"一流大学进行自主招生主要针对部分有特殊才能或某些方面特别优秀的学生，其意义是为弥补大规模纸笔测验对于考查学生的特殊才能的不足，从而创设让特殊人才脱颖而出的环境。这或多或少地避免了现行高考制度中一些不能全面评价优秀学生的弊端，为一部分具有特殊才能的学生开辟一条升入一流大学深造的途径。从这个意义上讲，自主招生并非是为了给文化课成绩很好，本来就能考上重点大学的学生开辟的又一条通道"。① 所以，自主招生考试必须另辟蹊径，突出高校特色、专业特色，重点考查考生的科学素养。

2. 自主招生考试应是"减负"的考试

现在，自主招生考试被一些考生称为"小高考"，从某种程度上说加重了考生负担。实际上，过度的复习反而会掩盖学生真实的思维水平、兴趣和爱好，如果我们希望培养具有创造性的思想者，就必须对创造性思维进行评估，并把评估创造性思维作为所有考试的一部分。这样一来，简单地回顾在课堂上或家里花数小时拼命死记硬背学到一些知识是无法达到目的的。这类评估是需要通过学生档案袋、公众演示、口头表达、作品展览等方法达到目的的。显然，这种评估是非常耗时的，评估的结果取决于专业评估人的判断。但是，发现和培养真正的思想者，是值得付出这样的努力的。

自主招生考试应该大胆地探索，有所突破，对一些有志于学习社会科学的考生，要注重考查他们对实际生活和社会现象的观察和分析能力，要注重考查考生的心理素质，包括性格、自信心、创造力，或对某个学科执着的追求。应该在猝不及防中看真功夫，把测试重点放在对学生能力的倾向性的考查上，让学生根本无法刻意准备，更没有必要去过度复习。自主招生考试的难度可以降低一些，不要"纠结"于一些知识类试题，不妨多出些实际应用和灵活性强的试题，而不是解题过程繁琐的题。

3. "情感、态度与价值观"应放在自主招生考试的首位

"知之者不如好之者，好之者不如乐之者"，"情感、态度与价值观"

---

① 臧铁军. 新高考改革的六项原则 [J]. 教育研究，2010，(3).

是最好的老师。一些高校录取学生时按分数一刀切，学生进校后有学医的发现自己见血就晕，学建筑的见房子就有压抑感，这完全有悖于高考的初衷。

知识与技能是一点一滴积累起来的，一个对科学有良好的情感、态度与价值观的人，在科学研究过程中也一定会创造出许多新的研究方法，表现出很强的研究能力。著名美籍华人、女科学家吴健雄博士说过，从事科学工作，首先要有浓厚的兴趣，很大的毅力，就像着了迷似的钻进去；第二要十分机警，仔细地观察、分析，否则稍一马虎，机会就放过了；第三要坚持不懈，一而再、再而三地实验，不达结果不罢休。这里既包含了科学家应有的情感态度与价值观，也是科学方法与能力的体现。从这个意义上说，情感态度与价值观是整个科学活动中的导向性因素，起着决定方向的作用。在科学发展史上，许多科学家正是因为有了对科学的献身精神，不怕艰险，孜孜不倦地在攀登科学高峰的崎岖小路上不畏劳苦，勇敢前进，才取得了一个又一个的辉煌成就。因此，"情感、态度与价值观"应放在自主招生考试的首位。

但是，"情感、态度与价值观"在高考纸笔考试中是无法体现出来的，这应该是自主招生考试的优势所在。高校和考生双方形成一种"恋爱"关系，学生根据个人的兴趣爱好找学校，学校根据优势专业吸引学生。自招出题常常"就地取材"，"顺着"考生考"兴趣"，如拉家常式提问，在不经意间发现学生的闪光点。例如，中国科学院大学的自主招生考试中考官曾对学生简历"追根究底"，你说你爱好吹笛子，考官就立即问道"能否聊聊笛子"，于是考生说起了"笛子发声的物理原理"。此外，有的考生简历如果过于粉饰，老师就会对其中一个点追根究底。这样的考试，往往能更好地选拔人才。

早在100多年前，晚清诗人龚自珍就曾大声疾呼，"我劝天公重抖擞，不拘一格降人才"。现在，日新月异的社会发展对高等教育和基础教育提出了新的要求，从基于工业化的传统教育向基于信息化的创新教育转向，为大学自主招生制度改革提供了条件和可能。让大学招生不再是为公平而

"公平"的考试，中学教育不再是为高考而教的教育，让每一个学生在获得基础知识的同时，获得心智的发展，是自主招生制度改革的真正出发点和落脚点。

第六节

启发：以人为本，着力培养拔尖创新人才

◆ 北京市四中以人文教育为基础，以科技教育为特色；北京市十一中走班制与多样化的课程；北京大学附属中学实行选课制与导师制。北京三所高中的课改理念先进，特色鲜明，有效地推动了高中教育转型。

◆ 要从北京三所高中的课改经验中吸取有益的元素，课程由柜台模式走向超市模式，课型由单一授课模式走向多元课型模式，学习共同体由班级模式走向小组模式。

2012年9月，我随学校教研组到北京市四中、北京市十一中、北京大学附属中学参观学习，所到之处，无时不感受到课改的浓厚氛围，无不受到振奋与启发，这里就自己的所见所闻，谈谈一些感受。

一、北京市四中：以人文教育为基础，以科技教育为特色

在北京市四中，听了一堂历史课、一堂语文课、一堂关于人文实验班的课改实验讲座，参观了四中的理科教学型实验室和科研型实验室。感受有两点：一是教师的素质很高，历史、语文教师虽然是以传统的讲述法为主，但是把握教材到位，见解独特，上课富有激情。科研型实验室的老师有的从清华大学毕业，有的从海外留学回国，均有博士学位，指导学生开展研究性学习既具有前瞻性，又有可操作性。依托北京高校的地缘优势，四中的学生还可以和大学科研课题接轨。二是学生的素质很高，课堂上回答问题积极大方，思路清晰准确到位，他们的政、历、地课程一般不布置书面作业，唯一的作业就是课前预习，但是，正是因为课前预习了，所以学生在课堂上就能够很好地和老师产生互动。

因为专业的缘故，我想专门说说四中的人文实验班。四中的人文实验

班在力求文理学科并重、学生均衡发展的基础上，发掘学生的人文学科兴趣，着力提高学生的人文素养、增进学生的人文情怀。近年来，同学们参加过不同形式的野外考察。海南、内蒙古、新疆、宁夏、浙江等地都留下过他们考察的足迹。这里，有两点经验值得我们学习：

1. 利用假期时间，进行专题文化活动，寓教于社会实践活动之中。如"古朴的中原"，"华茂的北京"，"风雅的江南"等。

2. 以学生为主体，师生精心策划与组织，创设教育情境，感悟中华文化的风骨。如拜祀名人墓地、聆听历史文化讲座、品读文化典籍，撰写博客心得。

二、北京市十一中：走班制与多样化的课程

北京市十一中校门口的雕塑很有特色，"外方内圆"，意思是培养十一中的学生成为志远意诚、思方行圆的杰出人才。在十一中，我们听取了李希贵校长的办学经验介绍，参观了服装、汽车外形设计，动漫制作等实验室。学校决策者认为，学校目前处于"高风险阶段"，完全颠覆了原来学校的形态。他们的主要做法是以下两个方面。

1. 走班制。同一个年级的学生，在同样的时间分散在不同的教室中，有的学生在上自习，有的学生在上物理，有的学生在读地理，这种做法同西方高中的教育教学方式已非常接近。在学校决策者看来，因材施教的重点不在"施教"上，而是要创造一种能为每一个学生提供适合其发展的教育——提供学习空间、机会和课程，让他们自己去发现、去探索，进而给出相应的教育方式。学校层面就是理科分层、文科分类，没有行政班、没有班主任，每个学生有 N 个集体，这样有利于学生形成独立的人格，有利于培养学生迅速适应新环境的能力，这是现代社会所必需的素质。

2. 多样化的课程。课程越是多样化，学生的营养就越丰富，奔跑的速度就越快。学校还为学生开设了法语、德语、服装设计、广告创意、生活中的经济学和经济与法治等选修课程，通过不断引入优质课程资源，鼓励学生提前接触课程，了解课程，认识自我，明确自己的职业与人生目标，

激发学生内在成长动力，启发学生立志成为某一领域的领军人物或杰出人才，为学生职业与人生规划导航。在动漫实验室，我们和授课教师进行了交流，这位毕业于北京电影学院的女硕士研究生，每天都在动漫实验室指导学生制作动漫作品，因为是走班制，全天都有学生过来学习。

三、北京大学附属中学：选课制与导师制

在北京大学附属中学我们看到了一则通知："各位需要申请自修和选修的同学请下载并打印自修、选修表，填写申请自修、选修的原因，请任课教师和学科主任签字批准后，在每学段的第一周内把签字确认的表格交给高中部×××老师。"对此，北京大学附属中学副校长、数学特级教师张思明介绍了在选课制、走课制、单元制、导师制基础上的高中多元自主发展模式，其主要内容是：必修课分层选择；导师团队的工作为研学互动和见面答疑；建立专业教室，独立开展单元活动。为了保证选课制的有效实施，北京大学附属中学在组织体制上设立了高中部、元培学院、博雅学院、道尔顿学院，这是与理科常规体系、理科竞赛体系、文科发展体系、自主出国体系相对应的课程管理体系。在专业教室的配置上，北京大学附属中学有自己的特色，学生的课桌只有一块小桌面，非常轻巧，便于学生根据教学需要随时搬动，或摆成秧田式，或摆成小组围坐式。理、化、生授课教室和实验室融为一体，学生可以一边听课一边做实验，相得益彰。

在北京大学附属中学高一年级，我听了一堂题为《大气运动》的地理课，这堂课的结构分为三个部分：第一部分为分组讨论上节课布置的研究性学习小课题，老师依次到各个小组进行检查和辅导，坦率地说，老师没有顾及到的小组，组内学生会讨论其他与课题无关的事，效率不高；第二部分为课堂检测，针对上节课所学的"大气热状况"提出了三个问题，如"为什么北方晚秋或初冬晴朗的夜晚地面容易结霜"等，学生独立在自己的本子上回答，10分钟后由每组最后一个学生收上来；第三部分由老师讲授"风与气压场""气压与等压线"两个知识点，在知识点的教学方法上，与我们平时的处理手段基本相同。这种课更适合小班制教学，20人左右的

班级效果会更好。

四、思考与建议：现代教育应该有效地推动高中教育转型

北京三所高中的课改理念先进，特色鲜明，但是，北京市与湖南省的高中教育条件差别很大，北京市的考生人数少，招生人数多，本科一次性上线人数达91%，同时，这三所高中学生总人数在1400人上下，班额人数在40人左右，是"准"小班教学。湖南省许多学校多年来也倡导分层教学、分类指导，但是没有和走班制、选课制结合起来；兴趣课也开了不少，但精品课程不多；研究性学习搞了多年，但还没有从学科内涵上进行挖掘。通过这一次参观学习，结合我省的具体情况，我认为今后要从北京三所高中的课改经验中吸取有益的元素，重点抓好以下几件事：

1. 课程：由柜台模式走向超市模式

要允许学生超前选修、同步自修、回头重修。超前选修的前提是学生要达到该门课程的优秀水平，经过学校教务部门检测认定后方能进行。这些优秀的学生不仅可以直升到高年级听课，而且可以到大学旁听专业课程，参加科研项目实验。同步自修则是要允许学生自我发展，因为对于这一部分学生来说，课堂教学的内容太浅，吃不饱，因此，要允许他们拓展学习空间。针对因各种原因基础不扎实的学生，要指导他们重修部分课程，甚至是初中课程。

2. 课型：由单一授课模式走向多元课型模式

针对理科实验班、理科班、文科实验班、文科班、国际课程班、特长生班（学考班），要建立不同的课程模式，应该由老师多讲的内容，不要怕戴上"满堂灌"的帽子；应该由学生自主学习的内容，不要担心会被扣上"放羊课"的帽子，理直气壮搞真课堂。针对兴趣课、研究性学习，要打造自己的精品课程，并能够引导学生开展深度学习，防止"满汉全席""南北乱炖"。要在不同课程和不同学习体之间搭建不同的教学模式，如"讲授""讨论""练习"，特别要在兴趣课和拓展课中尝试"探究""研究性学习"型模式，激发学生的学习兴趣，锻炼其能力。

3. 学习体：由班级模式走向小组模式

将班上分为 4～5 个学习小组，只设一个轮值班长，若干个小组长，组内人人都有学科特长，人人都是学科代表，这样可以根据小组成员的差异性和互补性进行经常性的合作学习。各小组课代表按周值班，和任课教师交流信息，沟通思想。在"去行政班级化"的背景下，小组模式可以和"导师制"接轨，让任课教师有自己的"责任田"，有目标、有任务，而不是像以前"行政班级制"那样，随机分几个学生，流于形式，指导学生不到位、不落实。"导师"们可以根据自己擅长的专业进行学法指导，及时帮助学生共渡学业难关，也可以对学生进行心理疏导，帮助学生克服思想障碍，从学科教学走向学科教育。对此，学校要改进原有的工作量统计方法，对学生"导师"予以量上的考虑，在德育系列的评优活动中予以评价，形成标杆效应。

第七节

见闻：以课程为抓手，满足学生个性化学习需求

◆ 深圳市正在建设现代化国际化创新型城市，经济和社会发展对优质教育需求日益强烈。

◆ 深圳市在高中多样化特色化发展、校本课程建设、个性化育人方面均取得了喜人的成绩，深圳中学、深圳科学高中便是其中的典型案例。

2017 年 3 月，学校组织部分学术委员参观了深圳中学、深圳科学高中。虽然是走马观花，但是通过和深圳市教育局领导、中学师生进行交流，大家初步领略到了深圳市高中学校在课程供给侧改革方面的进展。

一、基于"学生立场"的课程体系建设

当前深圳市正在建设现代化国际化创新型城市，经济和社会发展对创新人才的需求、对多样化和个性化的优质教育需求日益强烈，这些变化和需求对课程改革提出了新的更高的要求。2015 年 6 月 25 日，深圳市教育局印发了《关于全面深化中小学课程改革的指导意见》（深教〔2015〕297号），提出推动高中多样化特色化发展，建立校本课程指导和资助制度，鼓励普通高中建设特色课程体系，大力推动学校多样化办学、个性化育人，建设一批在德育、科技、艺术、体育、课程改革和学校文化等方面各具特色的高中。

据教育局领导介绍，深圳市重点开发实施以语文、数学、英语、物理、化学、生物、地理、历史、政治等学科为基础的拓展课程，深入推进国家课程校本化实施，形成以探究性学习和研究性学习为主的具有深圳地方特色的拓展课程体系。着重打造以科技创新、艺术创新、创业创新和人文素养为主题的四类特色课程，形成门类齐全、类别丰富的特色课程体

系，基本满足学生个性化学习需求。每年深圳市教育局都要面向全市中小学遴选"好课程"，在内容上打破学科壁垒，面向大自然、面向历史、面向社会、面向生活汲取素材；在表达方式上多样化，包括文本类、活动类和微课等。市级遴选的"好课程"资助 5 万，市级委托的"好课程"资助 8 万。

在不同发展阶段，一些中学对办学理念有不同的界定，如"学术性高中""国际化高中"，表述方式虽然不同，但是实质是开放性，是继承和创新。课程内容贴近生活和时代，构建新情境和新资源，形成基础、拓展、特色三类功能性课程体系，是深圳办学理念的特色。

二、且行且完善的校本课程

对于非高考科目，深圳科学高中和深圳中学都强调国家课程校本化，同时，因地制宜开发一些特色课程。

深圳科学高中位于广东省深圳市龙岗区，创办于 2012 年 3 月 1 日。学校的校训为"学会理解，创造未来"，旨在培养以数学、工程、技术见长的创新型高中学生。从高一到高三，学校从发现自我到领导自我，再到实现自我的三级目标出发，组织学生开展一系列活动，分阶段培养学生的行为习惯和个性素养。学校强调全员参与、全程关注，每个班级都有学生发展报告单，报告单不规定任务，封面一样，里面内容不一，不仅有成绩单，还有学生每天的状态、活动表现，观察对象为整体、个人、部分学生。校长特别强调，高一特别重要，好习惯养成了，高三就会驾轻就熟。好东西要固化，不能一晃而过，因此，科学高中的特色活动都已经纳入学校校本课程，并且入选了深圳市的"好课程"。

深圳中学创办于 1947 年，作为一所有着 70 年历史的名校，深圳中学敢为人先，提出了"建设具有国际竞争力的中国卓越高中"的办学理念。学校设立了荣誉课程体系、实验课程体系、标准课程体系。荣誉课程体系对接理化生竞赛，高、宽、深，学生可申请免听政史地课程，自主学习；实验课程体系对接国际课程，学分系数已与美国高校衔接；标准课程体系按高考要求规范教学。高一、高二实行体系管理，学生按需选系，而不是按成绩选系，实行走班，不同年级、体系之间中途可以互转，高三则按年级管理。学生管理方面，标准系实行班主任制，实验系、荣誉系实行导师制。学校在初三年级办了体验营，由学长团（高二学生）介绍体系，学校老师进行生涯规划指导，家长也可以参加，指导学生选择学习体系。

为了促进学生的全面发展，深圳中学开设了基础学术课程，分层教学，并根据成绩颁发高中毕业证。为了促进学生的个性发展，深圳中学开设了"深圳中学荣誉文凭"课程（校本课程），如网络课程老师用双语教学，学分与芬兰学校双边互认，8月份两国的学生到双方学校参加笔试答辩；体育课程学生则根据自身体质、兴趣、爱好，分项选择。学校成立了13个创新体验中心，企业驻点，合作指导学生开展跨领域、跨学科、基于真实问题的研究性学习，共24学分，学生探究小课题市里立项可获2万元资助。学分达到一定的积点后，颁发"深圳中学荣誉文凭"。学校成立了学术委员会、课程委员会支持教师的发展和校本课程建设。社会上有很多成功人士具有教育情怀，学校打开教育之门，聘请了一部分高素质的家长担任客座教师，义务授课，由于授课质量高，受到学生的欢迎。

三、基于核心素养的校本实施

在深圳科学高中的校园内，有这么一句宣传口号："科高学生形象——会理解，富创意，有教养，能负责，善领导"。在深圳中学，学生的特质是这样定义的："学术素养——知识丰富者，深度探索者，问题解决者，理性批判者；专业精神——主动规划者，敢于负责者，专注笃行者，善于合作者；审美情趣——协调发展者，自觉审美者，胸怀天下者，积极创造者"。两个学校对学生的核心素养都提出了自己的见解和发展目标。

我们参观了科学高中的创新体验中心，体验中心为学生提供了资金和实验平台，支持学生开展机器人设计、无线电测向、航模等实践活动，学生在许多全国性比赛中取得了优异成绩，还有一些学生获得了国家"实用新型专利"。在这里，我们看到了学生用3D打印机打印的精美作品，这些作品集计算机、美术、物理等知识之大成，拓展了学生的学习视野，作品费用从几百元到几千元不等，全部费用由学校资助。

在深圳中学，我们看到了大疆创新科技有限公司、华为技术有限公司、中广核研究院、深圳光启高等理工研究院、深圳华大基因研究院、中国建设银行等单位与深圳中学合建的创新体验中心，创新体验中心开展的工作包括常规教学、校本课程、高端活动、交流活动、研讨活动五个部分。常规实验与教学进度同步，开展实验教学；校本课程针对选修课的学生，开展探究实验；高端活动是针对竞赛生开展的竞赛实验培训；交流活动是学生参观对口的企业或研究院；研讨活动则是教研组老师定期组织的学术研究。学生4点30分后便开展科技、体育、文艺等活动，政府每年补贴每生350元，学生毕业时完成高质量的作品，或发表论文，或参加国际比赛（如参加美国数学建模比赛、哈佛大学大智慧比赛等），以此作为结业成绩。在创新体验中心，我们看到了学生制作的无人飞机、动漫作品，作品品位之高，令人叹为观止。

深圳中学非常重视公民教育，学生自筹经费，自办杂志。学生有议事会，参与学校的管理。例如，有一次学校进行校园改造，要移树，学生不同意，认为这几棵树反映了校史，便给学校写了万言书，校长亲笔回信并与学生探讨解决办法。最著名的是"校猫事件"，学校的野猫如何处理？学生召开了听证会，家长、媒体、教师派代表参加。大家一起讨论：校猫的危害是什么？人与动物怎样和谐相处？怎样找到解决的办法？在校园里，我还看到了议事会一则决议公告——《对于信息中心突然更改西校区通道通行规则的决议案》，落款是"议事会大会，2017年3月1日"。显然，学生的公民素养在一系列活动课程的实施过程中得到了熏陶和锻炼。

总之，深圳市已经从"深圳速度"向"深圳质量"跨越，深化高中课程供给侧方面的改革，是深圳建设人力资源强市和率先实现教育现代化的必然要求。深圳中学和深圳科学高中在执行国家课程标准、讲授国家统编教材、统一学业成绩考核基础之上，兼顾标准化教育与差异化发展，丰富课程类别，提高课程的选择性，满足学生的个性差异和个体需求；以兴趣为导向主导学习过程，并充分利用深圳高科技产业优势，推进研究性学习，提升学生的创新实践力；关注学生的学习体验，开发健全人格，提高社会责任感，拓展国际视野的各类活动课程，使身处学校的学生更加自主、自由、幸福，这些举措都给我们留下了深刻的印象。其颁发学校"荣誉文凭"、定义各自学校学生的形象和特质的做法，尤其值得推崇，因为这是学校办学理念的具体化。

第八节

展望：建构以核心素养为本的评价体系

◆ 学生核心素养的建立归根究底是为了促进教育的转型，从过去重视教学当中学科知识体系的科学性和完备性，转向重视学生核心素养的生成；从过去重视学生知识结构而忽视学生能力培养，转向促进学生能力提升和发展。它超越了传统的知识、能力目标，更加彰显了个体和社会的生机与活力。

◆ 中考是义务教育的指挥棒，合格即优秀，具有法定权威的基础教育评价应当严格规约底线，把基础教育从入学考试竞争中剥离出来。还学生以正常的学习环境，让他们能按自己的天性发展自己的核心素养。

2016 年 2 月 22 日，中国教育学会颁布了《中国学生发展核心素养（征求意见稿）》，"核心素养"迅速成为基础教育领域众所关注的热点。不少专家认为，核心素养是新课标的来源，是确保课程改革万变不离其宗的"DNA"。研制中国学生发展核心素养，根本出发点是全面贯彻党的教育方针，践行社会主义核心价值观，落实立德树人根本任务，突出强调社会责任感、创新精神和实践能力，促进学生全面发展，使之成为中国特色社会主义合格建设者和可靠接班人。

一、曾经偏科的大师们

"分数面前人人平等"＝"教育公平"，这是我国考试制度给国人带来的思维定势，也是中国科举制度留下的思维定势。但是，在民国时期，钱锺书当年国文特优、英文满分、数学 15 分进了清华；钱伟长中文、历史满分，而数学、物理、化学和英文加起来 25 分进了清华；吴晗则是货真价实的数学零分，也进了清华。如果学校当时过分强调总分及均衡发展，我们这个世界就会少了一个文学大师、一个物理学家、一个历史学家。

我国现行的高考制度，至少对两种人是不公平的：一种是不善于考试的应试者，另一种是偏科生，特别是"既有特长又有特短"的考生。学生的成长轨迹不是单一的、直线式的，如果以分数取人，搞"一刀切"，一些人性鲜明的学生就可能要在大学校门之外徘徊了。所谓"公平"问题，不仅仅是分数"公平"，还应包括机会"公平"，给每个有潜质的学生一次发展的机会、一次完善自我的机会。

"恢复高考以来，每年都有一些学生，在某一学科天赋极高，却因总分不够而与大学失之交臂。如果我们多一些宽容和欣赏，少一些求全责备之心，对这些学生予以特招，并特别培养，他们极有可能在某一领域成长为杰出人才，这其实就是古人所说的因人施教。可惜在教育逐步走向产业化的今天，这些学生就像不合格的零件在某道工序上被淘汰了。"[1] 全面发展不等于全科发展，人的天赋有差异，兴趣、爱好也有差异，这种差异可能显现于儿童时期，也有可能显现于青年时期、成年时期；这种差异可能会成为学生成长路上的绊脚石——这就是人们常说的木桶理论；这种差异也可能是学生今后出类拔萃的发动机——差异正是走向卓越的开始。钱锺书有钱锺书的全面发展，钱伟长有钱伟长的全面发展，吴晗有吴晗的全面发展，这就是"人"的个性化素养。作为一代宗师，他们具备了必备的品格和关键能力。

在人生的起步阶段，学生的天赋才刚刚露出小小苗儿，还没有长成参天大树，需要精心呵护，高考不能成为学校的唯一使命。不准补课又要升学率高，要求学校均衡发展又要培养拔尖人才，学校不可能做到十全十美，于是抢生源、补课就成为许多学校的家常便饭。笔者曾经和××县教育局的领导交流，他深有感触地说，没有考出去的学生都是××县未来的主人，教育就是要为××县的发展培养未来的劳动者，培养未来合格的家

---

① 朱琳，张力. 论现行教育模式的完善与杰出人才的培养 [J]. 学理论，2012，(25).

长，如果学校要分等，考核指标也要分层，要基于真实情境。依笔者之见，评价一个学校办学好坏的首要指标，就是看近视率增加了多少，而不是升学率的高低。

如何摆脱唯分数论、用考试结果制约教育教学过程的恶性循环？2016年10月11日，省教育厅下发《关于确定普通高中学生综合素质评价改革试点单位的通知》，确定了长沙市教育局、益阳市教育局、桃源县教育局、汨罗一中等33个地区或学校为试点单位实施综合素质评价，"引导学校由追求高层次教育向追求更适合的教育转变，由规格化人才培养模式逐步向个性化人才培养模式转变，指导每个学生根据自己的兴趣特长找到相应发展机会，走出学校，了解社会，培养其社会责任感、创新能力和为未来生活工作做准备的能力，以适应当今的时代要求"。[①] 文件通知进一步明确了学校教育评价的方向。开展普通高中学生综合素质评价既是经济社会发展对人才的必然要求，也是教育改革的必然要求。高中办学格局将由重点高中→示范性高中→名校→特色高中衍化，育人环境将进一步人本化。

大树可以参天，小草可以成绿。多一点宽容，少一点求全责备；多一点等待，少一点急功近利；多一点缤纷色彩，少一点整齐划一，人的世界会更加精彩。

二、核心素养是什么

什么是核心素养？"核心素养是学生在接受相应学段的教育过程中，逐步形成的适应个人终身发展和社会发展需要的必备品格和关键能力。它应该包含六个方面的含义：核心素养是所有学生应该具有的最关键、最必要的基础素养；核心素养是知识、能力和态度等的综合表现；核心素养可以通过接受教育来形成和发展；核心素养具有发展连续性和阶段性；核心素养兼具个人价值和社会价值；学生发展核心素养是一个体系，其作用具

---

① 王建华. 全省普通高中学生综合素质评价试点工作会议讲话 [C].
www.hnedu.gov.cn，2017.01.04.

有整合性。"① 这里面有两个关键词："适应个人终身发展"和"个人价值"。这两个关键词与"适应社会发展需要"和"社会价值"相互呼应，说明在课改中越来越重视学生本体的发展，认为学习不仅仅是课程内容的学习，还是学生智力建构与社会性发展相适应的综合过程。简言之，核心素养就是基于"自然人"成长为"社会人"的重要素养，聚焦了人才培养的关键点，而不是面面俱到的综合素养，它超越了传统的学科课程制的知识、能力目标，更加彰显了个体的生机与活力。

令人困惑的是，语、数、外、理、化、生、政、史、地、音、体、美都列出了一个学科核心素养清单，这么多核心，那么核心的"核心"又在哪里？学科核心素养是围绕学科培养目标而提出来的基本素养，虽然也关注到了"人"，但是有学科倾向性。学科基本素养分为知识、方法、态度、精神四个层次，走向工作岗位以后，很多与本职工作无关联的文本知识人们都忘记了，而支撑人的重要因子如科学精神、科学态度与科学方法却依然存在，看似本末倒置，其实就是核心素养融合到了个体素质之中。学科教育是学生获得核心素养的途径之一，但是总体核心素养不是各个学科核心素养的简单相加，以地理学科为例，地理核心素养包括人地协调观、综合思维、区域认知和地理实践力，推及高中其他学科，学科核心素养清单之长可想而知，不必为之发愁，"必备品格和关键能力"是核心的"核心"。

学科课程标准与核心素养衔接的研究依然任重道远，否则，什么都是核心素养，与"贴牌生产"没什么两样。没有学科支撑，核心素养就会空洞无物；全学科素养支撑，学生的内化、整合会因个体而异，不会千人一面。如果每一个学科老师只关注本学科的知识型素养，只见树木不见森林，只见知识不见"人"，那么，将有可能会形成一个没有"核心"的平庸素养，一个面面俱到的短板素养。

俗话说，身体不合格是"废品"，智育不合格是"次品"，德育不合格

---

① 林崇德. 对未来基础教育的几点思考 [J]. 课程·教材·教法，2016，(3).

是"危险品"。我曾经在一所升学率较低的农村高中学校看到，学校操场的煤渣跑道上已经长出了绿草，学生一个月只放两天假，整天都在补课，得不偿失，为了百分之几的升学率，搭上了百分之九十的学生。健康是幸福的源泉，从"自然人"到"社会人"是一个和谐发展的过程，以牺牲学生健康为代价的教育是对国民素质的摧残。核心素养的建立归根究底是为了促进教育的转型，从过去重视学科知识体系的完备性，转向重视"人"的必备素养的生成，尤其是促进学生体能的提升和个性的发展。

未来职业的多样性和新高考的多种组合模式，其实就是对核心素养评价体系的一种呼应。未来社会的不确定性和复杂性使得人的素养要具备各种常规和非常规思维与技能，才能够有足够的底气面向未来。文化是人之所以为"人"的根本，自主性是人之所以为"人"的本真，社会性是人之所以为"人"的范式。在《中国学生发展核心素养（征求意见稿）》中，"核心素养"一级指标有社会参与、自主发展、文化修养，二级指标中社会参与指标里面有道德品质、社会责任、国家认同、国际理解；自主发展指标里有身心健康、自我管理、学会学习、实践创新；文化修养指标里面有人文底蕴、科学精神、审美情趣等，这些指标是建立在积极的人生态度与社会行为基础之上的。

现在，素质教育硬件化，等级证书满天飞，准确识别和物化"素质"，是核心素养指标落地生根的关键，考级证书不能等同于核心素养，功利化的"特长"可能会变成"特短"，孩子们长大后会逃之不及、退避三舍。青年毛泽东在长沙第一师范求学期间就立下了"改造中国与世界"的宏大理想，为此，他博览群书，积极投身革命实践活动，进行"风浴""雨浴""日光浴"，顽强锻炼身体，为日后成为世纪伟人奠定了坚实的基础，也为日后新中国的建立与发展储备了丰富的知识。应该说，"核心素养"在青年毛泽东身上体现得完美之至。新教育常态下如何拓展素质教育的渠道是摆在教育工作者面前的一个难题，应该有所作为，勇于作为，让学生在社会、大自然这两个课堂里丰富自己的内涵。

三、悖论与思考

在现行的教育体制下，高考仍然有它的合理性，也为国家选拔了大量人才。从 2018 年开始，湖南省将进行高考改革，即高考考语、数、外三科，另外从学业水平考试科目中选考三科，文理不分。新的高考制度改革将有力推动高中课程体系改革，促进学生素质的提升。高中的学业质量评价具有选拔性，但是，作为义务教育的初中阶段教育，评价体系应该与高中评价体系有所区别，不能以分数取人，变相成为"准高考"。因材施教还要有"因材施评"作保证，社会上所谓"学霸"的形象＝高分＋文体特长，样样都要出人头地，这是一种病态的核心素养导向，在应试教育体制中，取得高分的永远是少部分学生，核心素养应该是围绕"立德树人"这个标准展开。

2004 年，长沙市城区开展中考制度改革，改变一直使用的分数制，推行等第制。初中毕业生学业评价包括语文、数学、英语、文科综合（历史、政治）、理科综合（物理、化学）和提前考试（生物、地理、体育）六项，提前考试项由初二生物考试成绩（50 分）、初二地理考试成绩（50 分）和初中体育最终成绩（50 分）组成，在一定程度上缓解了"分分必争"的竞争局面。长沙市还制定了初中生综合素质评价方案，规定了综合实践活动等评价维度也属于名校录取标准。但是，综合素质评价不属于竞争性评价，区分度不大，相对比较容易达标。综合素质评价的依据多是外显行为，外显行为并不都代表了内隐素质，不适合用刚性分数去分级界定，这无法反映学生素养状况的丰富性。学业考试成绩评定相对容易操作，数据准确细致，反而成了所谓最能体现"公平"刚性评价的指标，导致学生在学业成绩考试上付出的精力依然太多，倾斜的秤应该加以平衡。综合素质评价应该为学业评价服务，突出发展性评价，不能因一次小小的失误而让学生痛失前程，当然，也不能因攀比竞争而吹得天花乱坠，要在兴趣、潜力、志向三个维度上着力，不虚美、不掩过。

"名校"情节一直困扰着学生和家长，要进高中"名校"比进大学还难，中考一次偶然的失误都有可能导致"降等"录取到其他示范性高中，因此，从进初中的第一天起，学生就要瞄准"名校"埋头苦干，竞争的激烈程度毫不逊色于高考。所谓"提高一分，干倒千人"成为学习的目标，弱肉强食的丛林法则成为学校的游戏规则，少数学生由于考分高，能上名校而沾沾自喜，大部分学生由于考不上名校而被歧视，心灵受到伤害，这与立德树人的总目标背道而驰。教育专家杨启亮先生认为："我国基础教育评价中的选拔性评价几乎替代了合格性评价……这种取向异化了现代基础教育的性质，限制了青少年儿童的个性，也使高等教育和精英教育迷失了真正意义上的公平起点。"① 如此，可能会"异化基础教育的基础性"，"限制儿童发展的自然性"，"遮蔽人才选拔的真实性"，"造成精英与平民的对立性"。

2016 年 8 月，长沙市教育局召开了全市暑期教育工作会议，提出了"校校优校、师师良师、生生成才"的工作目标，要把老百姓家门口的每一所学校办成人民满意的优质学校，把每一个教师都培养成为优秀教师，把每一个孩子都培育成为优秀人才，教育公平的愿景进一步显现。现在，医院实行了分级诊疗，疑难杂症由三甲医院负责，小病小痛由社区医院负责，而"我们的重点学校好像和著名的医院相反，来的都是全省各地的优秀学生，学困生留给了普通学校。针对身体健康的人总结出来的一套强身健体的方案，对体弱多病的人来说，可望而不可即。每年初中、高中招生之日，正是择校'拔尖'之时，生源大仗的脚步怎么也停不下来。学校、学生被分成了三六九等，仗还没有开打，胜利的曙光就已经在名校显露出来。学区房、补习学校这些保障体系应运而生，行情比股市还牛，只涨不跌。开考前，专家讲座、题海训练这些灵丹妙药常常铺天盖地，目不暇接"。② 如何制定一条科学有效的自我参照标准，为制止"择校热"提供制度性依据，已经刻不容缓了。

① 杨启亮. 合格性评价：基础教育评价的应然选择［J］. 教育研究，2006，(11).
② 杨帆. 追寻去功利化的教育模式［N］. 中国教育报，2016.4.14.

学校的真正意义是什么？如何才能不迷失方向？在当前的基础教育新课程改革中，我们时常遭遇到步履维艰的困境，而造成困境的直接原因，往往就是考试竞争压力。高考牵住了高中的牛鼻子，中考牵住了初中的牛鼻子，教育生态单一。现在，示范高中起到的最不好的"示范"作用，就是和普通中学抢优质生源，破坏了教育生态。示范性高中的办学经验，应该是在自然状态下生长出来的，而不是在享受"生源红利"的前提下做出来的。在课程改革实践的过程中我们发现，越是远离升学考试的年级，就越是能相对有效地开设兴趣课、拓展课，如在高中一年级，学校还组织学生研学旅行，而到了毕业年级，补课、模拟考试就是压倒一切的任务了，非高考科目就要退避三舍了。一次在公园里，我遇到了一位初中二年级的男生，我问他，长大了想干什么？小孩子认真地说，想参军。我听了，心里一热，心想，现在这种答案太少了，千万不要把孩子的身体读坏了。

初中是义务教育，中考是义务教育的指挥棒，合格即优秀，"具有法定权威的基础教育评价应当严格规约底线，宽松释放顶线，把基础教育从普通高等学校入学考试竞争中剥离出来"。[①] 在这样的前提下，中小学校才可能摆脱被应试教育扭曲了的附庸处境，形成核心素养的特色教育模式，还学生以正常的学习环境，让他们按自己的天性发展自己的核心素养。应该把学生的健康指数、公民行为习惯指数作为核心素养评价的首要指标加以检测，比如说，近视率是不是增加了，违反社会公德的事情是不是增加了，以此摆脱唯分数是瞻的畸形评价状况。

将高级中学分为省示范、市示范、普通中学，简单地搞"一刀切"，以总分排名作为高中录取标准，特别是以各个层级示范性高中的录取名额为标准制定录取线，这与高考按成绩等第评价没有什么实质性的区别，教育文化无疑会演变成考试文化。如果在大城市、区域性中心城市还有优质高中和薄弱高中之分，那么就谈不上真正意义上的普及高中教育了。在一个均衡发展的教育体系中，应该是（高中）校到（初中）校，贯通培养，

---

① 杨启亮. 合格性评价：基础教育评价的应然选择 [J]. 教育研究，2006，(11).

就近入学，人人可享受到家门口的优质教育。

从理论上说，湖南省从 2018 年开始的新高考方案有 20 种选项，学校可以根据自己的师资、办学传统，选择其中一些顶尖科目形成自己的优势学科群。初中中考不主张过度性选拔和竞争，成绩评价应该是"合格＋特色"，学生根据自己的喜好报考相应的特色学校。规模小的学校可以组成课程联盟，形成合力。这样，初中考生可以根据学校特色填报志愿，而不是按总分排名录取。由"一把尺子量到底"变成"多把尺子量到底"，新高考为特色高中的形成提供了一次机遇。

2017 年 10 月，在北京召开的党的"十九大"报告指出"普及高中阶段教育，努力让每个孩子都能享有公平而有质量的教育"，给出了高中教育的总方向，同时也将影响到初中毕业考试的走向。"过程性评价"素质评价取代一次性考试评价，改变了将部分学科成绩简单相加作为录取依据的现状，克服唯分数论，开放性社会实践活动、体育活动纳入到评价范畴，理、化、生、政、史、地任选三科按系数折数计入总分，与新高考接轨。

应该淡化重点和非重点中学的概念，中国教育科学论坛"新样态学校的理念与实施"分论坛于 2017 年 2 月 23 至 24 日在北京市海淀区举行，会上对"新样态学校"的概念进行了解读。"新样态学校"以"至善"为最高追求，突出"有人性""有温度""有故事""有美感"的四有特征；坚持"学校要有学校样""一所学校一个样""校校都有自己的样"的三大命题；秉持"整体育人""文化内生""系统思考""系统建构"的四大基本主张；实施"美丽学校""智慧教育""课程再造""魅力课堂""创新管理""家校共育"的六大行动项目，期待为学校寻找一条内生发展的新道路。① 相信在不久的将来，"新样态学校"会成为"新常态学校"，真正为核心素养、校本课程、特色学校的形成铺平道路。

① "新样态学校的理念与实施"分论坛成功举行［N］.中国教育科学研究院网，2017.03.13.

第二章　教学：去功利化教育的利器

第一节

转变：新课程改革背景下的新学习方式

◆ 新课程改革的一个重要内容是转变学生的学习方式，把学习建立在人的自主性基础之上，凸显学习过程中的发现、探究，使学习过程真正成为学生生动活泼的成长过程。

◆ 在现代学习方式中，学生是知识的主动建构者，教师是学生学习的促进者。学生的学习动机来源于对学习过程本身的兴趣，而不是来源于外在的诱因。

高考在一定程度上已经被人们妖魔化了，一提起高考就是应试教育，就是死记硬背，就是"两耳不闻窗外事"。我连续十三年参加了高考评卷工作，曾经多次参加高考工作座谈会，其实，高考命题人员也一直在反思："为什么有不少的应届生以那么高的分数考进名牌大学后，在大学反而不适应，跟不上了呢？"2016 年 10 月，教育部考试中心"高考考试内容改革工作调研会"在长沙举行，会上专家介绍了"一体、四层、四翼"高考评价功能的理论体系。"一体"是指"立德树人、服务选拔、导向教学"的高考立场，通过确立三位一体的高考立场，回答了"为什么考"的问题。"四层"是指"必备知识、关键能力、学科素养、核心价值"四个层级的考察目标，明确回答了"考什么"的问题。"四翼"是指"基础性、综合性、应用性、创新性"考察要求，通过明确考察要求，回答了"怎么考"的问题。高考试题已经从"依纲据本"→"材料在（教材）外，答案在内"→"材料在（教材）外，答案以材料为线索"，试题以图文材料构建一个"真实"的世界，借此考查学生的观察能力、探究能力、创造性思维能力，"背多分"已经成为"过去时"了。教与学、学与考的一致性正在推动学习方式的变革。

一、由"被动性"向"主动性"转变

学习是学生成长中的一种内在需要，虽然说每一个智力正常的学生都不缺乏学习潜力，但不是每个学生都喜爱在学校学习，不是每个学生都能考出高分。电脑可以把书本知识进行复制、粘贴，学生的感知、分析、归纳、创造等过程却是无法进行复制、粘贴的，学生之所以学不好，是因为没有找到适合他的学习策略和学习动力。

长期以来，我们的课堂教学自觉或者不自觉地遵从了"教师权威"和"知识本位"的价值取向，课堂教学以单向交流为主，缺乏师生以及生生之间的有效沟通与合作，课堂上充斥着控制、服从、沉默、反抗等沉闷气氛，剥夺了学生作为学习主体的地位和权利，从而也削弱了教师在教学中所具有的天然指导作用。

行为主义认为，学习的实质就是在刺激—反应之间建立链接。桑代克（E. L. Thorndike）提出了"尝试—错误"学习理论，该理论认为，通过尝试—错误，学生便学会了从多种反应中选择某种反应与特定的情境建立链接。在学习过程中，如果某一反应之后学生能获得满意的效果，该反应就能与学习情境建立链接。经过练习这种链接得以保存，未经练习这种链接便会减退，学生就是在刺激—反应的链接过程中得到与教师完全相同的理解。行为主义理论忽视了链接过程中学生的学习心理过程，以至于我们无法解释为什么有的学生总是"灌不进"，反复练习也达不到预定的目标。

认知主义理论与行为主义理论的不同之处在于前者强调学生内部的认知过程，教学的目标在于帮助学生习得客观知识，使外界客观事物（知识及结构）内化为学生内部的认知结构。建构主义进一步认为，"世界是客观存在的，但是对于世界的理解和赋予意义却是由个人决定的。我们是以自己的经验为基础来建构现实，或者至少说是在解释现实，我们个人的经验世界是用我们的头脑创建的，由于我们的经验以及对经验的信念不同，于是我们对外部世界的理解便也迥异"。① 也就是说，每个学生并不是被动地学习和记录输入的信息，他们会主动地选择一些信息，忽视一些信息，并从中得出自己的结论。

正是基于建构主义学习理论，在现代学习方式中，学生是知识的主动建构者，教师是学生学习的促进者。学生的学习动机来源于对学习过程本身的兴趣，而不是来源于外在的诱因。学习过程和学生的生活、生命、成长联系在一起，学生的元认知能力（自我监控、自我调节能力）是保障学生进步的必要条件。

由"被动性"向"主动性"转变，教师要学会当拉拉队员，学会当二传手，让学生多尝试，包括"试错"，在错误中学会成长。

二、由"依赖性"向"独立性"转变

教师和学生各自在教和学的过程中起什么作用？"主导—主体说""双主体说"之间存在许多争议。但是，不管哪种学说，家长们把教师的地位看得至关重要，认为教师应该能够吃透教材，应该能够循循善诱，勤勤恳恳。这是社会上的一种偏见，因为它只是从静态的角度看待教学过程，低估了学生的独立要求，导致学生的学习积极性不断丧失。

从教和学的关系来看，整个教学过程是一个从"教"到"学"的转化过程，是学生从依赖到独立的过程。建构主义者提出的支架式教学模式，形象地说明了教与学的关系，支架本意是建筑行业中使用的脚手架，这里用来说明一种教学模式。支架式教学首先让学生观察教师的示范行为，然后为学生搭建支架，即提供学习技术，接着引导学生在问题情境中进行操作，在此过程中逐步减少支持，最后撤去支架，让学生独立思考。

在支架式教学中，教师引导、鼓励学生去感悟那些使其从事更高认知活动的技能，随着学生学习能力的提高，教师的作用在量上不断减少，最

---

① 陈琦，刘儒德. 当代教育心理学［M］. 北京：北京师范大学出版社，2002.

终将监控和探索的责任向学生转移。有经验的老师常常会发现，如果到了高三冲刺阶段，科任老师还在喋喋不休、满堂灌，带出来的这种学生肯定是还没有学会学习的学生，学习"怎样学习和怎样思考"，应当列入中学课程表，必须"还学生以课堂阅读权"，让学生会阅读、会思考、会表达。

支架式教学和发现法非常相似，布鲁纳（J. S. Bruner）认为，学习的一般原理固然重要，但是探究新情境的态度更为重要，教育工作者的责任就是让学生进行发现学习，用自己的头脑亲自获得知识。布鲁纳在《教学论》一书中指出发现学习有如下作用：1. 学生自己提出解决问题的探索模型，学会对原有知识进行迁移和重组，有利于提高智力和潜力；2. 与接受学习相比，学生通过自己的发现，更能从学习的过程中得到满足；3. 学生按照自己的兴趣和认知结构组织起来的材料，更有利于记忆和检索。①当孩子们在老师的帮助下自己去发现那些基本概念时，他们会学得更好。

接受学习和发现学习是一对矛盾，此消彼长。"师傅领进门，修行靠自身"，"艺高人胆大"，老师学会放手，让学生掌握发现法，提高认知水平，由"依赖性"向"独立性"转变，是转化这对矛盾的必然路径。

三、由"标准化"向"个性化"转变

工业化时期，学校教育被看成类似于工厂的流水线生产，学生被当成原材料由学校进行加工，工厂的标准化管理经验被有效地运用到了课堂，标准化考试制约着学校的课程、教学、评价等的设计。从学校走出来的学生就像流水线上出来的产品，与工业化生产相匹配，满足了规模化生产对高素质人才的需求。21世纪人类正逐步走进后工业时代，"个性化"是后工业时代的一个重要标志，如个性化设计、个性化产品、个性化服务。现代教育就是为学生的个性化学习服务的，适合的才是最好的，教育只有适应每一个学生的个性，才能够真正称其为"因材施教"。

---

① 布鲁纳（Jerome S. Bruner），姚梅林，郭安译. 教学论［M］. 北京：中国轻工业出版社，2008.

每一个学生都有自己独特的天赋特性，包括独特的偏好、优势、弱点。因此，智慧类型、学习风格也不一样，认知基础、情感准备也各不相同。如果我们每一天都在用同一种方式学习，学习必然是一种索然无味的活动，当学习充满乐趣时，才会更加有效。有针对性地选择课程和教学方法，开发学生的潜能，不仅仅是为了配合目前学生的学习，更是为了学生今后的成长。

传统教学常常忽视学生的个体差异，要求所有的学生，在同一时间，用同一教学资源，以同样的速度，达到同一水准。这种"一刀切"的教学方法，常常使有的学生"吃不饱"，有的学生"吃不了"，这是典型的"知识中心环境设计"。

由"标准化"向"个性化"转变，就是要实现"学习者中心环境设计"，用个性化的手段去寻找适合学生本身的个性化学习模式，解决学生所存在的问题。"学习者中心环境设计"要求教师要有这样的意识：学生和教学内容之间可以建立有效的链接，但前提是教师要尊重学生的先前经验，了解学生关心什么，能做什么，想做什么。

学生将他们的信念、理解和文化生活带进学习中，并且在学习过程中构建自己的意义，这应该就是素养的核心了。因此，教学应该是因势利导，量体裁衣，精准发力。

四、由"间接性"向"体验性"转变

学生学习的知识是千百年来由前人经过艰辛探索得来的。过去，学生的学习任务就是用大量的时间去了解课文中的事实、符号、公式，完成教材各章节末尾的习题，借此来掌握这些间接知识。因此，学校教育存在着"以课堂为中心，以教师为中心，以课本为中心"的情况，学生缺乏自主体验、相互交流。建构主义者批评传统教学去情境化的做法，认为如果学习者能够创建和操纵自然现象和社会现象的模型，那么，他们会对这些现象有更深入的理解。学生只有在真实性任务中了解自己所要解决的问题，才容易激发内部动机，产生主人翁意识，况且真实性任务具有整体性和复杂性，比简略化的课本知识更能培养学生解决问题的能力。

在学习内容的选择上，"体验性"学习摒弃了从概念到概念的旧模式，把关注的目光投向学生的生活，从中选取学生感兴趣的材料作为学习的载体。华裔美国物理学家、1997年诺贝尔物理学奖获得者朱棣文博士回忆自己成长经历时，对"体验性"作了很好的注解，他说，儿时他的生活并没有完全集中在学业和阅读上，他花费了许多时间用于制作一些无明确用途的器具，在他的房间里，经常是散乱地摆放着数以百计的金属"梁"和小的螺帽、螺杆。在他稍大一点的时候，他的兴趣扩展到了化学游戏上，他曾经和小伙伴自制了火箭和火药。有一年夏天，他的爱好又转移到了检测邻居家的土壤酸碱度和土壤中所缺少的营养物质上。他高兴地回忆道："我在高中最后一个学期做得比较好的一件事是制造了一个物理摆，并用它'精确'测量了重力加速度。此前多年的动手经历，使我学会了许多技能，这次都用在了物理摆的制造过程之中。颇具戏剧性的是，25年后我又用激光冷却原子的技术研制出一种新的测量重力加速度的方法。"①

从朱棣文博士的经历可以看出，尊重"儿童文化"，发掘"童心""童趣"，重视学生的生活世界和直接经验，这不仅是理解知识的需要，更是学生生命成长的需要。北京大学附属中学在这方面走在了全国的前列，该校高中部实行小班教学，将理化生实验室和授课教室合二为一，实验设备摆在教室的后半部，实验和新授课可以同步进行，边做边学，收效显著。

五、由"问题解决"向"问题生成"转变

不问"问题"才是学习上最大的问题。"问题"能够激发学生的求知欲，启发学生深入思考，只有对"问题"进行深入研究，思维才不会停留在表征现象上。传统学习方式和现代学习方式好像都重视"问题"，但是，两者最大的区别是：传统的学习方式是为了解决"问题"，把"问题"解

---

① 李剑君，陈厚丰. 厚积薄发——朱棣文的科学风采［M］. 上海：上海科技教育出版社，2001.

决作为学习的终点；现代学习方式则把"问题"作为新知识、新方法、新思想的生长点，学生既是问题的解决者，又是"问题"的生成者，学生在解决"问题"的同时，又在寻找新的"问题"。

在不同的学习体中，不同的学习氛围影响着学生的"问题"意识。在一种重结果、轻过程，重分数、轻创造的氛围中，一些学生想尽力表现出色，以获得对自己的正面评价，他们常常会避开那些反映其能力肤浅的挑战，不愿意显示他们不明白的学习材料，结果阻碍了他们对"问题"的探索。而在重过程、重创造的氛围中，在允许为了"发现"而犯错误的氛围中，学生们往往能够积极挑战新的"问题"。

好的"问题教学方法"是使学生的思维可视化，以便他们的观点被讨论，在讨论中得以澄清；学生能够无拘无束地探究他们不懂的问题，以便看到自己和他人对事物的不同理解，形成更加丰富的知识建构。一个经常将"你错了""别乱说""别烦我"挂在嘴上的老师，他的学生是提不出什么好"问题"的。

让高考仰视课堂。传统教学往往强调认真与刻苦，冷落兴趣与热情；学习的内容都是已经成为定论的东西，学习过程成了被动接受、记忆的过程。这种建立在人的被动性、依赖性基础之上的学习，不仅不能促进学生的发展，反而会成为学生发展的阻力。新课程改革的一个重要内容是转变学生的学习方式，把学习建立在人的自主性基础之上，凸显学习过程中的发现、探究，强调的是主动性、独立性、独特性、体验性和问题性的自主学习方式，体现了新的教育观、人才观，使学习过程真正成为学生生动活泼的成长过程。把握好这几个方面，能够有效地促进学习方式的转变，提高学习的效率、效益。

第二节

刍议：探究性学习与创新教育的交互性

◆ 探究性学习是指学生在教师的指导下，以类似于科学研究的方式，主动地提出问题、思考问题、解决问题，以获取知识和技能，形成观点和思维方法。

◆ 创新教育要求学生进行探究性学习，使学生进一步扩展自己对知识的理解，提高质疑、推理、探究的能力，掌握科学的方法，形成正确的科学态度。

探究性学习是指学生在教师的指导下，以类似于科学研究的方式，主动地提出问题、思考问题、解决问题，以获取知识和技能，形成观点和思维方法。皮亚杰的"建构论"认为，儿童的认知是由他自身与外部世界不断地相互作用而逐渐形成的一种结构。认知的建构，是通过多种活动的操作，不断同化自然和社会环境中的信息，同时又不断地改变原有的认知结构来顺应外界环境而发展起来的。在教学中，"指导论"与"建构论"不断交替使用，可以使教学更具效率。创新教育既是教学方式，又是教学目标。作为教学方式，它要求学生进行探究性学习；作为教学目标，它要使学生进一步深化自己对知识的理解，提高质疑、推理、探究的能力，掌握科学的方法，形成正确的科学态度。

一、重视创新教育的必要性

基础教育建立了以传授知识、运用知识解决文本问题的课程体系。在现代社会科学与技术迅猛发展的背景下，人们认识到，知识只是人们探究自然与社会这一过程的"产品"，显然，仅仅重视知识的传授是不够的，更重要的是培养学生"生产"这些"产品"的能力。

以"课堂"为中心的教学，可以使学生在一定的空间和时间范围内接受由教师传授的间接知识，训练解题技巧，其局限性不容忽视：

1. 学生的学习兴趣受到阻碍。学习过程对于学生来说本来是生动有趣的，但是，由于刻板地讲授、机械地重复，很难引发学生持续的好奇心，以及浓厚的求知欲。

2. 智能发展受到束缚，人文精神的培养受到限制。学生的智力和能力，无论是观察能力、思维能力，还是实践能力，都必须在主体与客体的相互作用中，在同伴的相互交往中，在主观能动性的充分显露中，才能得以形成和发展。如果让分数成为唯一的生活空间，那么，学生的智能、志趣、道德、审美等的全面发展将是不可能的事情。

随着新课程教学改革的深入，探究性学习已经成为学校教育的重要组成部分，它与传统的课堂教学相互渗透、融合，因此，已经很难区别什么是课堂教学，什么是创新教育了。特别是现代信息技术的应用，为这种融合提供了技术保障，在线学习、慕课这类新的学习方式使得学生的自主探究学习如虎添翼。

学校教育如何给学生一个"聪明的大脑"？不同的学习情境会带来不同的学习效果，欧洲教育界流行着我们的先哲孔子的三句话：If you tell me and I shall forget（如果你讲给我听，我将会忘记）；If you show me and I shall remember（如果你做给我看，我将会记住）；If you involve me and I shall understand（如果你带我一起做，我将会理解）。这三句话被衍化为现代教育的哲学指导之一。新课程鼓励学生创造性地解决问题，与单凭记忆得到成绩相比，这是一种全然不同的体验。如果学生置身于自己喜欢的活动之中，并且通过自己的努力获得成功，那么学习就会像呼吸一样自然——根本意识不到自己在学习，这种状态叫"顺其自然"。长期以来，我们的基础教育目标指向单一的认知领域，课程目标设计忽视了满足学生现实生活的需要，从而导致了学习意义的丧失，学生的整个精神生活定格在既定的教科书上，课堂生活缺乏现实感，缺少生命的活力、成功的体验、个性的张扬，以至于对一些学生来说，学习成了他们的"苦役"。因此，新课程更加重视学习情境的设计，重视通过探究途径来促进概念的学习。就中学生而言，自主发现自己原先所不知道的事物，在个体认识论意义上也是一种创新。

二、探究性学习的复杂性

探究性学习与创新教育的交互性为学生的有效学习搭建了一个很好的平台，其最大特点是以问题解决为基本模型，摆脱了固定的学习模式。由于问题来源于学生感兴趣的领域，研究视角的确定、研究目标的定位、切入口的选择，都可以因个人的爱好、经验和需要而有所不同，其复杂性已经大大超出了学校可供使用的课程资源范围。对教师来说，也是一个巨大的挑战，因为我们的教师就是再博学，也不可能涉猎那么多的知识。在探究性问题面前，教师可能不及学生，师生更是合作探究的好伙伴。

探究性学习还允许学生根据自己的理解，并以自己熟悉的途径去解决问题，允许学生按自己的能力和掌握的资料，以各自的思维方式得出不同的结论，而不是一味追求结论的唯一性和标准化。在探究过程中，思维的时空还给了学生，学生在活动过程中会捕捉到"新资源""新发现"，会产生新的思维，智慧的火花不断迸发，愉快的体验不断加深。

长期以来，我们对标准答案的膜拜，束缚了学生探奇的天性，学生总是在不自信中期待老师的谆谆教诲，这个老师"厉害"，那个老师"超水平"，学生提不出反对意见，提不出不同见解。新高考已经意识到了这一点，理科试题以社会关注的问题、学科前沿问题为切入点，比如核能、转基因、食品安全等，考查学生的创新能力和思维能力。文科试题呈现各种新材料，学生必须多角度探究问题，得出新规律、提出新结论。这种变化，是时代使然，更使教育凤凰涅槃，重获新生。

教育是一项系统而又复杂的工程，对于如何引导学生独立思考，摆脱唯一答案的思维模式，鼓励新方法和新解答，探究性学习有一席之地。

三、探究性学习与创新教育交互性的有效构建

新课程实施中一个较为引人关注的方面就是课程资源问题，课程资源

的开发与利用，是保证探究性学习实施的关键所在。因此，探究性学习需要打通学校与社会的联系，动员社会的力量和资源，建立大教育体系。形象地打个比喻，探究性学习就是扛枪打猎，而不是守株待兔；是找米下锅，而不是等米下锅。

"扛枪打猎"，"枪"就是指语、数、外、理、化、生、政、史、地等各个学科的知识与技能。猎手打猎需要武器，学生对身边的问题进行探究，需要学科知识做后盾。

学生如果在探究过程中产生"悱""愤"的心理状态，要胜过教师的先入为主，一味灌输。"不悱不发，不愤不启"，教师掌握火候，及时点拨，这是教学的艺术。

完成任何一个探究任务，并非需要所有的"工具"，学生必须学会从自己的"工具箱"里选择"工具"，并知道使用所需要的工具，这就是技能，或者称为探究策略。知识和技能只是基础的一部分，实践动手、独立思考、判断选择也是重要的基础。

提出问题比解决问题更加重要，这就好比方向与速度，方向错了，再努力也是徒然。对学生而言，观察和猜想是两把钥匙，观察是启动思维的按钮，观察深刻，去伪存真，为创造性地解决问题提供了契机；猜想是由已知原理、事实，对未知现象及规律所做出的一种不完全的归纳命题，学生大胆设问、猜想，可以点燃探究之火。对教师而言，就是要善于创设问题情境，再引导学生讨论、实验、思考，要关注学生的研究过程，充分肯定学生的一步步努力、一点点成绩，变结果评价为过程评价，以达到育人的目的。

智慧的教育需要智慧的老师，一个富有创造性的老师对学生创造性思维的发展具有里程碑的意义，死记硬背、灌输式的教学只会扼杀学生的创造天性。

第三节

别论：时间与自由是独特的教学形态

◆ 教育即解放，教是为了不教。在"非指导性教学"过程中应该"有所不指导"，教学时间、活动时间、个人消化时间互为整体，要给学生个性化的进度安排。

◆ 要理直气壮地将时间与自由作为学校的教学形态，在教学原则上反对传统教学中那种忽视学生要求，替代学生思考的教学模式，建立一个积极、无威胁的学习环境来促进学生的自我发展。

教育在《说文解字》中的解释是"教，上所施，下所效也"；"育，养子使作善也"。而拉丁文对教育（educate）一词的解释为"引出"或"导出"，意思就是通过一定的手段，把某种本来潜在于身体和心灵内部的东西引发出来。前者强调有目的、有计划、有组织地对受教育者的身心施加影响，后者强调教育是一种顺其自然的活动，旨在把自然人所固有的或潜在的素质，自内而外引发出来。两种不同的教育理念，可以引发我们对学校教育的思考。

一、时间都去哪儿了

现在，许多学校都提出了精细化管理模式，学生从早上入校开始就进入了学校的管理视线，早自习班主任值班，课间操班主任跟班，自习课任课老师进班。只要学生离开了教师的视线，哪怕是在校园之内，学校管理层都会局促不安。只有到了下午放学，学校把学生交给在校门外等候多时的家长，学校才会如释重负，精细化管理变成了精细化控制。小学如此、初中如此，现在，又延伸到了高中，早晚两头，学校门口都是车水马龙。即使学生回到了家中，时间也给了家庭作业和各种培训班。

似乎只有分数才是判断成功的唯一标准，而时间就是分数。为了跟时间赛跑，学生免除了一切跟学习无关的家务劳动和社会活动。如果能够象征性地做一做社区劳动，那就可以上新闻了，记学分了。"陪读妈妈"等名词现在已是耳熟能详，家喻户晓了。只要学校在哪，补习学校、家教就跟到哪里。根据笔者观察，越是重点中学，周围的补习学校就越多；距学校越近，房租就越贵。为了孩子的学习，可以举全家之力，"孟母三迁"，在所不辞。

没有了时间和自由，学生的个性如何发展？能力怎样提高？把不同天赋的学生都培养成会考试的人，是不是教育的终点？学校需要界定一下大包大揽的学科课程是否为真教育，学校更需要思考一下学生的时间都去哪儿了，是否以牺牲学生的身心健康为代价赢得升学率的？包办代替学生的所有时间能否达成终极教育目标？

二、军事化管理弊大于利

联合国教科文组织国际教育发展委员会在纪念联合国教科文组织诞辰50周年时，推出了教育丛书《学会生存——教育世界的今天和明天》，书中指出："把教育中智力的、体力的、美感的、道德的和社会的组成部分加以分隔，这是人类互相疏远、轻视和支离破碎的一种迹象。……我们要学会生活，学会如何去学习，这样便可以终生吸收新的知识；要学会自由地和批判地思考；学会热爱世界并使这个世界更有人情味；学会在创造过程中并通过创造性工作促进发展。"[①]

一些学科专家站在自己本学科而非教育立场上，发表有利于本学科"知识体系"的指导意见，各个学科的知识体系一起上阵，使得学生的时间天平向文本学习倾斜，时间失衡、精力失衡。如果在学生的学习过程中，能够真正给学生以时间和自由，让寒、暑假成为真正的寒、暑假，让

---

① 联合国教科文组织国际教育发展委员会编著，华东师范大学比较教育研究所译. 学会生存——教育世界的今天和明天 [M]. 北京：教育科学出版社，1996.

自习课成为真正的自主学习课，或许能够让学生品尝到自我学习、自由学习的乐趣，享受到酣畅淋漓的运动所带来的情趣，发现知识与自然之间的妙趣，使学习过程成为一种自发的行为，一种身心愉悦的享受。

"恰同学少年，风华正茂"，但是有的学校将所有的外显行为都和内隐素质挂钩，动辄予以纪律扣分，导致校园里"小淘气"不见了，"小绵羊"越来越多。学校不应该成为一个限制学生自由的地方，不应该成为一个学生急于逃离的地方，而应该成为一个让学生流连忘返的心灵港湾。球场、实验室、音乐舞台、画室、图书馆、花坛，都应该成为学生愉悦的课堂。学生在自己的跑道上日益起到自我主导作用，每一个学生都需要支持他的潜质的自由天空和时间，让他自主呼吸，让他自由跳跃。

业内有一句行话："教得好不如招得好"。说明学生的成长有一条独特的轨迹，有相对独立性，因此，学校更应该因时利导，因人利导。工厂的标准化生产模式、军事化管理模式似乎与人的发展背道而驰，标准化、军事化管理是把现代学校办成现代企业，所带来的教育不是真教育，产品是"物"不是"人"，至少不是"幸福之人"，充其量也就是"智能机器人"。时间与自由本身就是独特的教学形态，从"学校的人"到"人的学校"，学校课程体系中应该充满人性关怀，有张有弛。

三、"圈养"之心实不可取

毋庸讳言，不少学校存在着"一管就死，一放就乱"的尴尬现象。所以，从"放养"到"圈养"，学校越来越不敢放手。围墙、保安成为校园的一道风景，条件好的学校还多了电子记录仪，学生何时进校、离校，家长都一清二楚。

美国最著名的人本主义心理学家和教育家卡尔·罗杰斯曾经提出了"非指导性"这个概念，罗杰斯认为，传统教学是以教师为中心的、灌溉的、有指导性的教学，学生经常受到教师的督促、检查。在他看来，学生是一个知情合一的人，他渴望用自己的情感和认知方式行事，教育就是要提供一种令人愉快的气氛。"非指导性教学"模式一反传统教学的基本思路，把教学的重心定在学生的学习活动上，把教学过程的性质规定为学生内在经验的形成与生长，突出了学生在教学过程中的主体地位。

"有些研究工作者曾经把权威主义、民主主义和放任主义等各种不同的背景中从事学习的儿童加以比较。他们发现，一种随意的和自我指导的气氛将产生最好的发展结果。""减少了外来的干涉和压抑，随之而来的便是自我控制。个人的判断变得更加完善，批判的精神也得到了发展。集体成员也倾向于承担原来赋予集团领导者的职能（观察、分析、诊断、评价）。"① 只有当学习者能自己决定评价的准则、学习的目的，以及达到目的的程度时，他才是在真正地学习，才会对自己学习的方向真正地把控。

教是为了不教，在"非指导性教学"过程中应该"有所不教"，教学时间、活动时间、个人消化时间互为整体，要给学生以个性化的进度安排。教育即解放，学生有选择的自由，而且随着学生成熟度的提高，有越来越大的自由：由他自己决定要学什么；何时何地学习；如何学习；教师应该就学生自主选择的权利与义务和学生展开积极的讨论，强化学生的学习兴趣和学习动力。目前，"非指导性教学"开展得最好的是综合实践活动课。由于综合实践活动中的问题是学生自己在学习和生活中选择的，研究这些问题需用的资料由学生自己寻找、搜集，作品需要学生自我评价，所以，对学生个体更加具有意义，更加符合学生的生活经验、学习愿望、兴趣和需要。但是，由于其他文化学科面临一个标准化考试问题，学校或多或少地都放不开手脚。"从幼儿园到高中的调查对象都很重视个人兴趣、特点是否得到教师关注，并对目前教育教学和评价的单一性表示非常不满。学校选修课、社团和兴趣小组活动、综合实践课以及社会实践等方面的问题在各学段的重要性均排在前列而满意度很低。说明教育服务供给的数量和质量虽然不断提高但供给有效性不足。"② 因此，要理直气壮地将时间与自由作为学校的教学形态，在教学原则上反对传统教学中那种忽视学

---

① 联合国教科文组织国际教育发展委员会编著，华东师范大学比较教育研究所译. 学会生存——教育世界的今天和明天 [M]. 北京：教育科学出版社，1996.

② 田慧生等. 基础教育满意度实证研究 [J]. 教育研究，2016，(6).

生要求，替代学生思考的教学模式，建立一个积极、无威胁的课程环境来促进学生的自我发展。

在学校里，我们可以发现，一部分学生各方面都表现得特别活跃，行为积极，一部分学生沉默寡言，行为退缩，出现"结构性活跃"与"结构性消沉"现象，原因就是高考的放大效应和异化了的应试教育使得课程目标单一，训练机械，一部分学生失去了成长机遇，关键学习能力丧失，自信心下降，以至于躲避学校生活，躲进网吧、游戏室。学校要给学生提供自我教育的平台，敢于让学生试错，宽容幼稚，善待无知，学习过程犹如人生之探险、智慧之博弈，使学习场景成为学生的动力源泉。

第四节

反转：偏态性教学行为和心理

◆ 教师在教学中偏离教学规律，其不正常行为主要表现为过度性教学、缺失性教学、偏见性教学和惩罚性教学。究其根源，主要是认知偏态、情绪偏态、人格偏态。

◆ 教师偏态性教学行为和心理常常造成师生之间的认知、情感、人格等方面的阻隔。

教学语言、教学组织、板书示范、实验操作、表情姿态等是教师的显性教学行为，而价值、情感和个性等是教师的隐性教学行为。在教学中，偏态性教学行为主要指课堂上不和谐的教学现象，偏离教学规律或教学规范的行为，对学生的身心产生不良影响与消极作用的行为。分析其表现、成因，校正路径，对课堂教学改革具有积极意义。

一、偏态性教学行为的表现

1. 过度性教学行为

（1）讲解过多。有的教师认为教学是反映自己知识水平和能力的，只考虑显示自己的水平，越是公开教学，这种自我表现越突出，学生只是安静的听众、观众，充当一个配角，最多回应一下教师的提问："是"或"不是"、"对"或"不对"。忽视了学生吸收的效果，造成教与学的脱节。

（2）快速介入。学习是一个语言和非语言密切结合的过程，"此处无声胜有声"，有时，冷静的思考更胜过不假思索的七嘴八舌。有的教师上课时生怕冷场，很少给学生充足的时间思考问题，等待回答的时间不过几秒钟，几秒钟过后，教师会说出问题的答案。有时，即使学生回答，只要出现了错误，教师便急不可耐地向学生解释哪里出了错，缺乏回旋空间，影响了对学生独立思考能力的培养。

（3）过分指导。从时间、效率和便利的角度考虑，有的教师倾向于直截命令学生完成某项学习任务。受传统教学思想和行为主义学习论的影响，教师在示范、演示实验或解题过程中，不厌其烦地向学生解释他们不知道、不曾经历的事情，没有给学生独立思考的机会，忽视了对学生的判断能力、竞争能力和自信心的培养。

2. 缺失性教学行为

（1）生态性缺失。一个班集体就是一个生态群落，中间包括不同类型的学生，他们彼此相互影响，形成一种宝贵的教学资源，"好"帮"差"，"好"更好，说的就是这个道理。有的教师忽视了群体内部的差异和互动关系，在课堂上总是用集体提问的方式一带而过，既没有随机抽检，也没有针对性地收集反馈信息，在看似整齐的回答声中，很多问题都被掩盖了。

（2）主体性缺失。有的教师认为自己是"先知先觉者"和权威的象征，理应向学生传道、授业、解惑，因此，在教学前总要准备大量的资料，在教学中不停地演绎课本剧。对于学生提出的不同观点和偶发事件，教师不能有效地纳入到教学活动之中，一切按预先设置的程序进行，缺乏教学机制。

（3）协同性缺失。有的教师过分强调自己所教学科的重要性，排斥别的学科。在组织观念上表现为不配合，在教学行为上强调学生精力的投入和练习的分量，争教学资源，抢学生时间，造成整体教学中的学科失衡，学生负担过重。

3. 偏见性教学行为

（1）期望失衡。有的教师在课堂教学中往往把问题分为"三六九等"，难的问题由好学生回答，简单的问题留给差学生。长此以往，差学生学会了自动对号入座，回避挑战性问题。在非言语表达中，教师给一部分学生以更多的关注，造成视线的偏见，使一些学生承受过剩，一些学生备受冷落。

（2）过分贬低。批判与期望有着密切的关系，当一个学生未能达到教师的期望或标准时，他们往往会因为失败而受到教师的批判，但贬低式批评会影响学生形成良好的自我印象。教师希望学生们能从批评中吸取教训，但学生通常对这些批评报以自我辩解、愤怒或退缩的反应，因为他们在本能地保护自我形象。

（3）过度表扬。表扬具有激励功能，但是只有教师的表扬和学生的自我评价一致时，表扬才能发挥真正的作用——自我成就感和自我价值感。有的教师将表扬当成一种家常便饭，对一些无需努力的行为也随意表扬，造成表扬的泛滥。有的学生对自己所做的任何琐事都期待得到表扬，不利于形成自我效能感，表扬更应该针对成果而言。

4. 惩罚性教学行为

（1）以考试为威慑手段。所有的老师都有两种权力，一种是自然权力，其基础是教师利用自己的所长去帮助学生学习；另一种是专断权力，其基础是教师按照自己的地位去约束学生的行为。教师真正的权力应该来自自己的出色工作，而不是逼迫学生顺从。有的教师管理能力差，教学缺乏吸引力，为了让学生重视自己所教的课程，不得不频繁地使用考试来督促学生学习。学生在这种环境下的循规蹈矩完全是迫不得已，极易造成学校人际氛围和组织功能的失灵。

（2）以停课作为处罚措施。有效的课堂管理是和有效的课堂教学紧密相关的，如果教师的课堂教学活动没有创新，难度不合理，特别是一部分学生在课堂上找不到自己感兴趣、能胜任的学习活动时，常常会出现违反课堂纪律的行为。有的教师疏于检查自己的教学方法，而是以停课作为处罚措施，殊不知对于不想听课的学生来说，这是对他们的一种"奖励"而不是惩罚，反过来会进一步强化他们的违纪行为。

二、偏态性教学行为的心理特点

1. 认知偏态

（1）知觉失真。教师将事件的结果人格化的心理倾向被学生称为"因人而异""戴着有色眼镜看人"。例如,教师对事件的起因是肯定的(喜欢的学生),那么他不会因为一个消极的行动而去责备学生;如果教师对事件的起因人是否定的(令人恼怒的学生),那么他就很可能认为起因人应对所有的消极影响负责。

(2)缺乏护心意识。长期以来,由于我国教育忽视了心理健康教育,以至于许多教师缺乏护心意识,将学生当作储存知识的容器,仅凭着善良的愿望,一厢情愿地灌输知识。对于学生的管理,习惯于用高压政策,强行约束,忽视自我教育能力的培养和内在动力的激发。

(3)自我中心化。教师过于用自己的眼光、感情及知识经验去组织教学,评价学习成就。例如,教师以自己的知识水平看待教材,随着个人教学经验的增加,把知识看得越来越简单,编制的试卷和习题就会越来越难,使学生在获得知识技能的过程中望而却步。

2. 情绪偏态

(1)过分紧张。教师一方面要面对不断变化的学生,肩负着教书育人的任务;另一方面,又承受着来自各方面过高期望所带来的压力。家庭、生活的沉重负担,工作、人际关系中的各种矛盾和难题,这一切都容易带来各种各样的心理压力,产生过分紧张的情绪,使自己痛苦,学生受害。

(2)过于愤怒。愤怒是人之常情,然而过于愤怒却属于偏态情绪。在教学中教师给予学生的越多,就越想从学生那里得到诸如好的成绩和行为等更多的回报。如果一个教师没有建立起自我效能感,长期压抑自己的情感,想方设法去努力使每个学生高兴,那么一旦感到被学生欺骗而大失所望时,过于怨恨的情绪就会爆发出来。

(3)过于敏感。课堂内学生的纪律问题,有的是局部的,对课堂活动影响不大,但是过于敏感的教师会对学生个别的、细微的行为作出强烈的反应,致使全班学习中断,过后又不得不花大量的时间和精力使教学回到正常的轨道上来。人们称这种情绪偏态为"小题大做",有点"神经质"。

3. 人格偏态

(1)"双重人格"。人格又叫个性,是一个人区别于另一个人而经常表现出来的、比较稳定的心理特点。"双重人格"的教师往往认识与行动脱节，言语与行为脱节。例如，有的教师在理论学习时大谈要无条件地关注学生，课堂教学要以学生为主体，但到了课堂上依然我行我素，习惯于注入式教学，偏向于与"好"学生互动。

（2）急躁武断。有的教师处事很不冷静，容易冲动，并常常轻易做出结论。例如，只要学生在课堂上出现过失行为，就认为学生对自己不尊敬，便立即给予学生言过其实的责备，向学生发泄不快，造成教师不欢，学生不服。

（3）忧心过虑。这类教师对学生总是不放心，喜欢叮嘱，学生越不听，越要反复唠叨，结果是浪费时间，增加学生对纪律的淡漠和厌烦情绪。唠叨和纪律具有负相关，唠叨越多，学生对纪律越厌烦。

（4）麻木不仁。有的教师把课堂纪律不好、学风不好当作教学以外的事，往往把这些问题交给学校管理人员去纠正，让别人来承担责任，自己摆脱麻烦。实际上，这是自找麻烦，因为学生的错误活动依然保留在自己的课堂里。

三、偏态性教学行为和心理的影响

1. 认知阻隔

当师生双方的任何一方对另一方的认知造成障碍或使其感到困难时，就出现了所谓认知上的心理阻隔。教学活动主要是师生共享的活动，在学生达成学习目标时，教师只起到支架作用。如果师生双方彼此不能正确地理解对方，于教师则不能因材施教，于学生则出现食而不化。在现代教学中，课堂教学应"以知识为媒介，以人为中心"，立足点是人而不是物化的知识。在师生的认知交往中，如果自觉的理解和沟通不存在，知识交流便不可以深入下去，教学也就失去了必要条件。

2. 情感阻隔

情感阻隔主要指师生之间情感上不能沟通、难以融合、不易接触的病理现象。在教学中"真正起作用的是隐藏在行为之下的原因与情感，纪律只能暂时改变行为，而不能帮助学生成长。实现学生的成长，需要在课堂上走一个截然不同的方向："看'透'某种行为，理解引发它的各种动机"。① 造成情感阻隔的主要变量包括：师生关系、同学关系、教学材料和在课堂中使用的技巧。有学者认为，情感阻隔具体体现为教学过程机械，难以使学生产生情感共鸣；教师不能与学生平等相处，学生对老师敬而远之等。② 这种现象的背后反映了两个深刻的问题：一是教师专断控制；二是教师包办太多。如果教师一开始就让学生参与解决课堂问题，那么，教师这种自然的权威就更容易被学生接受。

3. 人格阻隔

真正的教学，不应该只局限于知识的授受关系，而是教师人格精神与学生人格精神在教育中的交流与感染。在笔者对学生的问卷调查中，优秀教师的人格具有以下特点：热心、幽默；有条理；灵活、多课堂活动；博学、课内外知识相结合；支持、鼓励。学生往往能从这些教师的人格精神中获得情感满足及内心的充实。但是，"在现实的教学中，不时看到师生间人格交流的阻隔或困难现象。这或起因于教师言行不一、对学生有偏见，造成学生对教师的不信任，学生对教师的人格产生怀疑；或起因于教师滥施权威，严而无度，以至于学生从心底里无法实现对教师人格的接纳。结果学生希望从教师那里获得符合自己人格理想与智慧理想形象的愿望破灭了，随之而来的是心理距离的扩大"。③

四、偏态性教学行为和心理的校正

1. 定向控制。在教学方法上要承认和尊重学生的个体经验，以学生的实际水平和能力为基线，找准教学目标，有序地进行课堂教学，从强调积累知识走向发现和创造知识。

2. 定量控制。把课堂教学时间的结构与成功率联系起来，对改进课堂

---

① ［美］ Vernon F. Jones& Louise. Jones 著，方彤等译. 全面课堂管理 ［M］. 北京：中国轻工业出版社，2002.

②　③　石鸥. 教育病理学 ［M］. 长沙：湖南教育出版社，1999.

教学具有现实意义，它要求教师对课堂教学的任务量、学生的活动量、教学资源的使用量进行合理调配，保持动态平衡。

3. 定序控制。随着情感、意志等非认知因素的深入研究，人们发现非认知因素作为认知过程中的动力系统，对学生的学习过程起着调节作用。课堂教学既要注意知识的内在逻辑顺序，又要注意学生的心理发展顺序，以及操作练习的动作顺序。

4. 自主控制。有的教学方法仅适合于某类课程，用于其他课程则显牵强；有的教学方法在某种教学情境中很有效，但一旦教学情境发生变化，效果往往适得其反。教师要在教学中提高辨识能力，自主选择教学策略，自我反馈，自我纠正。

第五节

拷问："尽善尽美"地教就够了吗

◆ 从注重"教"到注重"学"，从"以教促学"到"以学定教"，"学与教"已经成为一个不可分割的整体，整个教学目标都围绕学习目标展开，有如山水相依。

◆ 在实践情境中，优秀的教师往往能够做出正确的判断，因材施教，不断开发学生的自主潜能，使学生自主学习精神融合于课程学习之中。

现在，学校经常搞一些教研活动，如青年教师教学比赛、高级教师示范课、行政推门听课、常规教学检查课，名目繁多。有的学校还安装了视频监控仪，随时监控教师的一言一行，目的就是为了以教促学，以教的质量来提高学的质量。

有两个现象似乎有悖于以上初衷。一些名校的名师被派到某些薄弱学校以后，颇有英雄无用武之地之憾，因为学生很快就失去了新鲜感，故态萌发，一切照旧；同是一个班的大学同学，毕业以后，一个在示范性高中工作，几年之后成绩骄人，业内小有名气；另一个在薄弱学校任教，几年之后成绩羞于示人，业内依然默默无闻。

到底是名师出高徒，还是高徒出名师？名师真的是灵丹妙药吗？"尽善尽美"地教就够了吗？

一、"学"是"教"的基础

课堂教学是一个师生之间相互作用的过程，是一种心与心的沟通与合作活动。随着现代信息技术的普及，课堂教学面临着巨大的挑战：智能媒体的刺激性与学校不断重复记忆和检测的沉闷气氛形成了鲜明的对比；信息的迅速传播使学生改变了对老师的一味尊重的态度；借助于频繁的社会交往，一个错别字连篇的学生也能够夸夸其谈。闻道有先后，弟子不必不如师。现在，学生知识的来源地和评价的标准越来越多元化了，学生比以前更开放、更自信、更独立，更乐于张扬自己的个性了。很多教师感叹，学生越来越聪明，越来越不好教了。

在示范性中学，教师常常可以使用多种多样的教学方法，充分展示自己的个性和风格；而在散漫型的学校和班级，常常会限制教师对教学方法的选择，整堂课倾向于维持纪律，疲于应付捣蛋的学生。在青年教师教学比赛中，我们常常可以看到，来自示范性中学的老师展示的课型花样多，噱头多；来自普通中学的老师展示的课堂平铺直叙，简单直白，获奖少。能怪老师吗？能怪教研组吗？南橘北枳，生源使然，前者面对的是"我要学"的学生，后者则要面对"要我学"的学生，成长的跑道不一样，每天琢磨的问题不一样，风格自然也就不一样了。

基于应试规律，有一些学校管理层提出了"目标管理"与"增值评价"方案，既看入口，又看出口，动态管理。增值空间有多大？当然是越大越好，低进高出、低开高走。在这样一个"跳、跳、跳"的高期望值下，老师们背负的包袱越来越重，"向40（45）分钟要质量"已经是可望而不可即了，"禁补令"屡禁不止，节假日补课早已成为常态。但是，勤奋工作未必有相应的回报，生源是基础，基础不牢，地动山摇。一些新成立的私立学校，很懂得"办学之道""育人之理"，起步之初就到处掐尖、挖生源，很快就成为"优质学校"，成为教育暴发户。

在20世纪20至50年代，行为主义理论盛行，该理论指导下的教育观以教师为主，强调教师对课堂的控制和对学生的奖惩；20世纪60年代以后，出现了认知主义学习理论，该理论强调学生在学习时脑内的加工过程，注重教学操纵和对学习结果的量化研究；20世纪80年代以来，建构主义学习理论成为主流，该理论指导下的教育观以学生为主，提倡学生主动学习，发掘学生的归属感、成就感和自我认同感。从注重"教"到注重"学"，从"以教促学"到"以学定教"，"学与教"已经成为一个不可分割的整体，整个教学目标都围绕学习目标展开，有如山水相依。

但是，"学"又具有相对独立性。对于老师的讲授，学生的理解或滞后、或超越老师，这已经成为常态。"做中学"、情境化教育，这是对教师单向传递知识的一种否定，因此，教学活动必须以学生的活动来调节自身的活动，形成一种呼应关系。在以学习成绩为导向的教学模式中，拥有知识话语权的教师总是希望学生规规矩矩地听；总是喜欢滔滔不绝地讲，总是力图控制学生的表达诉求，课堂成为教师的舞台，而不是学生学习的平台。缺乏对学生的关注，缺乏对学生积极性的调动，缺乏深度学习，可以说是很多课堂的通病。

"学"是"教"的基础，包括教学任务的制定、教学方法的选择、教学结果的评价，都应该建立在学生的学习规律基础之上。维持纪律、激发动机、营造气氛、达成目标，这些要素的权重比例分配，领导应该让一线教师参与决策，一线教师应该让学生参与决策，互相倾听彼此的呼声。如何实现由教的质量向学的质量转变？教学设计、课堂管理、双向互动，都要围绕学习者的学习来开展，教师以学生的视角观察和理解学习环境，创设各种公平的发展机会，以境生情、以情生情，使学生形成自我效能感。

二、"教"是"学"的引导

"择校热"中的多半原因是"择老师"，尤其是"择名师"。教师的作用到底有多大？尽管现在有"慕课""在线课堂"，但是，一线教师的作用依然不可替代，因为课堂是一个释放和交流情感的地方，整合了各种社会心理因素，构建起了关注"人"的组织结构。例如，心理学上的"皮格马利翁效应"，指的就是师生关系对学生学业的影响。一言以蔽之，就是教师期望学生有什么样的学习能力，学生就会有达到相应水平学习能力的趋势，这是人机对话所无法比拟的。

"误人子弟"这个帽子有点大，老师们恐怕担当不起，但也从反向说明了教师的辅助作用。"教师的教学如果毫无吸引力、学习任务目标不明确、活动没有趣、难度不合理，我们怎能够希望学生专心致志呢？当课堂沉闷、教学无启发性、失败蕴含其中时，学生的逆反行为当然就是意料之中的事，他们的反抗行为是身心健全的表现。"① 只有教学形式而无师生实质性交往的教学是假教学。有学者提出了"师源性心理障碍"的观点："所谓师源性心理障碍指的是由教师对学生的不当的教育行为导致学生产生的心理问题和心理疾病，包括自卑、退缩、厌学、紧张、焦虑、恐惧、抑郁等心理问题，学校恐怖症、神经症、反应性精神病等心理疾病。"② 由于中学生自身的心理调节能力普遍较弱，因而外界环境中的不良刺激容易成为学生心理障碍的主要原因。"有关调查显示，学生不良情绪的80%来自身边的长者，这里的长者指的是家长和教师。"

"授人以鱼不如授人以渔"，"知其然不如知其所以然"，教师的辅助作用还在于"四两拨千斤"。常常有学生说："这个题目我做过，但是答案忘记了。"原因在哪里？原因之一就是老师只讲答案而没有讲方法，只讲"认知"，没有讲"认知"的"认知"，这是无效教学。低水平、标准化、分裂式的题海战术，耗时低效，厌学者人数随着学习过程的推进逐步上升，这是负效教学。教师的责任不仅仅是教知识，更是领路指向。学习有两个过程，第一个过程是量变到质变的过程，例如熟能生巧，这个过程变化比较慢，是"渐悟"的过程；学习的第二个过程是质变到量变的过程，如举一反三、恍然大悟、一点即通，这个过程是"顿悟"的过程。好教师常常能够引领学生曲径通幽，把方法教给学生，把时间留给学生，学习别有洞天；差教师却成天将"学海无涯苦作舟"挂在嘴上，让学生茫然不知所措，学校变成了"炼狱"，虽然浴火重生者不乏其人，但是浴火中"倒下的"也不计其数。

教师不能因为是传授知识者，就可以对学生颐指气使，教学如果按照线性单向进行控制，学生就会丧失自觉性和主动性；教师不能只服务于教学目的，只依赖教学工具，因为学生的学习具有不可预见性、突变性和多元性，学生的动机、能力、风格不同，即使学习任务相同，达到的程度也

---

① ［美］VerF. Jones & Louise S. Jones 著，方彤等译. 全面课堂管理［M］. 北京：中国轻工业出版社，2002.

② 高亚兵. 从师源性心理障碍看学校心理健康教育［J］. 教育研究，2003，(2).

是不同的。对学生来说，老师在"度"的把握上是很重要的，功利主义的教学管理和知识传输，与学生的生活世界有很大的差异，从难从严要求学生，好心有时也可能办坏事。一个好教师在备课、布置作业、命制试卷时，都考虑到了学生的基础。

课堂教学是基础，课堂教学搞好了，学生才能有时间和精力拓展其他活动，正如枝繁才能叶茂，两者是统一的。补习学校为什么红火，原因就是许多学生一路学一路"欠账"，一天到晚忙不过来，素质教育被束之高阁了。教师有责任创生各种教学方法，把学科内容融入到积极的课堂学习活动之中，处理好"建构"和"同构"之间的关系，把差异化、多元化和标准化、均衡化结合起来，有效地解决课堂教学质量问题，还学生以时间和空间，让学生能够健康成长。

三、"教与学"有条件的相长

教师的学术水平不仅涉及教师的"教"，更涉及学生的"学"，学生的"学"可以把教师的"教"推上一个新台阶。学生人人考北大、人人考清华是不现实的，教与学是有条件的相长，矛盾的双方相互转化需要一定的条件，包括共同条件和特殊条件。名师也不可能创造升学神话，生源很重要，好老师的最大作用就是"基础教育"，为学生的未来作准备。

学什么? 进度怎么安排? 教师有如舵手，指向学习的彼岸。教师对教材的二次开发，对教学内容进行重组就是校本课程，或者说是国家课程校本化。"校本课程的开发，要求教师随着学生心态的逆转和情绪的转换，以生活为源泉，以情感为纽带，以情境为载体，以思维为核心，不断营造出良好的学习氛围，整合各种资源来制造课堂的热能效应。"① 新授课如果围绕考试内容分析各种题型、指导应试方法和答题技巧，这种以考试过关为目标导向的异化课堂，肢解了鲜活的知识，背离了学生的认知结构，压抑了学生的创造性。"考"之目的，"教"之方法，"学"之内涵，都应该

---

① 李金碧. 硕士研究生课程设置的反思与范式重构——基于后现代主义课程理论的视角 [J]. 教育研究，2017，(4).

围绕立德树人、终生学习的理念展开，从高一到高三，不同学段侧重点是不一样的。

现在，一些"名校"的教师动辄宣称自己带出了"最牛"的学生，这种集优秀生源之大成的成绩实在不敢恭维。这些教师在付出劳动，收获成绩的同时，也应该思考一系列问题：学生给了自己什么？从学生那里学到了什么？教训是什么？如果教师一天到晚沉浸在自己的成绩里，那么所获得的成绩就很容易在自己的职业生涯中昙花一现，难以持续。试想，学校年年都会把最好的学生、最好的班级交到你的手上吗？对此，教师必须有清晰的认识，对"教与学"有明晰的路径考量。

如何将一间间教室、一堆堆授课资料、一群群学生、一系列教学目标组织在一个有生气、稳定、合作的环境里？劣构模式的焦点是放在直接的教学、学生完成任务的行为和考试分数上。而良构模式的重点却放在满足学生个人需求方面，改变学校环境以激励学生产生积极的学习态度，学习状态由接受学习向自主探究学习转变。

"教与学有条件的相长"这句话可以从课程改革的层面加以理解。青出于蓝而胜于蓝，学生并不需要老师时刻牵着自己的手往前走，学生能够自主学习，比老师讲授效果更佳，这种"教与学"的不对称是"教与学有条件的相长"的表现，是课程改革推进过程中发展不平衡的表现。从不对称→对称→不对称，教学的发展轨迹使自主性学习进入人们的视界。有国内学者通过对 11 个省、直辖市、自治区，45 所中学的 13628 名学生进行涵盖情意自主性、认知自主性和行动自主性三个自主性要素的调查，发现中学生学习自主性水平与学业水平（学习成绩）呈正相关，东中部地区中学生学习自主性高于西部边远地区中学生。我国东中部地区特别是东部地区的社会、经济和文化等各项事业发展迅速，教育资源丰富，师资力量较强，往往是教学改革的发祥地。对学生学习自主性关注较早，开发较快。[①]调查结论给了我们一个启示，教师和学生是"我和你"的关系，既相互独

---

① 熊川武，柴军应，董守生. 我国中学生学习自主性研究［J］. 教育研究，2017，(5).

立，又相互影响，这种关系寓于教学过程之中，需要互动条件。东部地区学生学习自主性水平高，可以加快教师的专业发展；西部边远地区中学生自主性水平较东部地区学生低，普通中学学生自主性水平较示范性中学学生低，在一定程度上限制了教师的专业发展。课程改革的目标之一就是要打破这种不对称、不平衡，自主性水平较低的学校，尤其要突破学生的学习动力和学习方法这两个瓶颈。

在教学实践情境中，"教与学"这对矛盾是有条件的统一、有条件的相长。"优课"和"名师"往往是根植于"校本"土壤之中，离开了"校本"土壤，成活率会大打折扣，一味模仿，东施效颦，到头来只会事倍功半，甚至夭折。优秀的教师往往能够把握住"教与学"的辩证关系，不唯上、不唯书，立足于校情，因材施教，与学生心心相印，不断开发学生的自主潜能，使学生与生俱来的学习精神融合于课程学习之中，实现"教与学"的良性循环。

第六节

感悟："入模、出模与超模"

◆ 教学有法，教无定法，贵在得法。"入模"是基础，"出模"是技术，"超模"是艺术。

◆ 课程改革是方向轮，课堂教学改革是驱动轮，两个轮子一起转，速度要协调，方向要一致，这也是课程、课堂教学改革成功的关键所在。

◆ 微课程、慕课与翻转课堂是教学的微革命，将促进教师角色的转变，使其从一个讲授者变为真正的学习引导者、启发者。

近年来，湖南师大附中提出了"三导四学"教学模式，"三导"指的是"引导、指导、督导"，"四学"指的是"自主学习、探究学习、合作学习、体验学习"。湖南师大附中高新实验中学提出了"405"教学模式，即40分钟高效率课堂＋5分钟特色课堂，40分钟包括作业前置、合作交流、共享展示和拓展延伸四个环节，5分钟是以指文科科目课前演讲5分钟，理科科目课后5分钟为知识的拓展与延伸。湖南师大附中博才实验中学提出了"三环六步"自能课堂模式，"三环"指的是课前自能预习、课中自能探究、课后自能拓展，"六步"指的是检查预习、主问题导学、质疑探究、展示交流、支援提升、拓展延伸。在此基础上，博才进一步凝炼出了"6＋x"自能课堂范式，"6"是指教师层面的"激发、引导、提升"与学生层面的"自主、质疑、习惯"，"x"是指依据六要素衍生出来的各种教学策略，不强求统一。

一、教是为了学，学则需要教

"一校一模"。"模式"正在进行时，我国著名的教育专家王沛清教授来了。在2013—2014学年度的寒假教师培训会上，王沛清教授斩钉截铁地说，像湖南师范大学附属中学这样的学校，没有"模式"的"模式"才是最好的"模式"。老师们一听，乐了：你看，这可是专家说的！的确，所有的学科，所有的课时，都按一种模式授课，不容易且不可能。

现在，有的课堂为"合作"而合作，为"探究"而探究，创设了大量的情境，明明可以十分钟讲完的内容，偏偏要讲四十分钟；而四十分钟都讲不完的内容，又不容许拖堂。清一色的四十分钟一节课，没有"加时赛"，没有自由阅读时间，统一的课表使老师们有苦难言。"人在旅途中"变成了"人在囧途中"。

什么是"入模"？"入模"是不是按照一个模式去授课？首先，我们要搞清楚一个概念，什么是教学？一种说法是教学就是教师的教，学生的学；另一种说法是教学就是教学生学。课改搞了这么多年，大家肯定会同意后者。附中三个校区"入模"的意图很明显，都想让老师教有所依，让学生学有所成。对于新入职的教师来说，"入模"很重要，为什么有的老师上课像念稿子，让人昏昏欲睡？因为这样的老师眼里没有学生。为什么有些课堂活动看似热闹，但是最后学生一无所获，成绩一塌糊涂呢？因为学生得不到基本的知识、能力。通过"入模"，有一个基本的课堂结构，可以规范新教师的教学行为、教学过程。

什么是"出模"？对于"出模"，最好的解释就是因材施教。教学有法，教无定法，贵在得法。对于有一定工作经验的老师来说，如果以不变应万变，教学就会固化，这绝对不能解读为模式化。文理分班、走班制难道不是因材施教吗？因材施教应该在每一节课上，如用举例的方式深入浅出，注意节奏，观察学生的反应，结合学生的语言因势利导。因材施教从来不排斥任何一种教学方法，就是说，在教学方法的选择与运用上，为了达到某一教学目的，完成某一教学步骤，究竟要用哪些方法，什么时候又用什么方法，以及各种方法如何搭配，这是"出模"应当考虑的问题。如果教学反映出了高考新的动态，运用了新的课程资源，学生喜欢且收获大，方法自然是得体的了。

"超模"是什么？我想，下列一些词组应该能够形象地说明"超模"：

出神入化；丝丝入扣；画龙点睛；随风潜入夜，润物细无声；教是为了不教；授人以鱼不如授人以渔。写到这里，我好像有点恍然大悟了，王沛清教授所言"没有'模式'的'模式'才是最好的'模式'"，应该指的就是"超模"。王沛清教授希望每一个附中人都能够成为"凤凰"，成为"传奇"。老师们常常议论一个话题，高考状元是"撞"出来的，纯属偶然。然而，2014届湖南省高考文科第一名考生陈博川同学在高三最后一年才来附中求学，从组班到组织自习、从授课到答疑、从自主作业到月考，附中一系列的时空组合给了她一个很好的平台，这不是上课上出来的，但是又离不开一定水准的授课量。有学者说得好："千讲万讲不如一学，要学会改善学生的思维品质，完善学生自主建构知识体系的过程"；"千学万学不如一用，要引导学生明白'懂'和'会'的关系，'懂'针对知识，'会'针对能力"；"千用万用不如一变，要注意表达方式、学习途径和组织形式的变化"①。

"入模"是基础，"出模"是技术，"超模"是艺术。"汇百家之说，成一家之言"，"超模"，更应该"建模"。一堂课可以以"讲授"为基调，也可以以"探究"为基调，还可以以"合作"为基调。要做到"一师一模""一课一模"，丰富课堂教学模式，"建模"任重而道远。

二、两个轮子一起转

业内有人说，一流的学校玩课程，二流的学校玩课堂。谁解其中味？唯有探索者。生源不佳的薄弱学校，首先考虑的是把教学质量抓上来，课堂是主阵地，不在课堂里下功夫，就好比是"临渊羡鱼"，倒不如"退而结网"。而在优质示范中学，已经完成了转型升级，生源不愁，名师云集，往往能够轻装上阵，课程改革风生水起。

2011年12月，我参观了岳阳市许市中学，观摩了该初级中学的课堂教学。该学校曾经是一所濒临倒闭的乡镇初级中学，从课堂教学改革入

---

① 王瑜. 一场受益良多的研修会——2014年全国中学微课程教学研修会纪实与感受. 中学地理教学参考 [J]，2014，(7).

手，该校逆势而上，教学质量大幅度提升，享誉三湘大地。参观中，我们看到教师运用了导学案引导下的学生自主学习模式，学生在教室里阅读教材，阅读学案，然后在教室四周的黑板上完成练习，课代表进行矫正、指导，整个过程是"兵练兵""兵教兵"。每堂课学生都在台前，教师则退到了幕后。教师的作用体现在课前教学内容的组织，课中教学过程的监控，课后教学质量的评价上。岳阳市许市中学玩的就是课堂，尽管人们对此课堂模式有争议，但是，许市中学的教学质量在稳步提升，其实践探索的启发性意义是不言而喻的。

2012年9月，我有幸参观了北京十一中、北京四中、北京大学附属中学，这些名校有一个共同的特点就是校本课程建设特色鲜明，这些学校也玩课堂，但是课程建设更加精彩。北京十一中、北京四中、北京大学附属中学玩的就是课程，如北京十一中为学生开设了法语、德语、服装设计、广告设计、生活中的经济学和经济与法治等选修课程，通过不断引入优质课程资源，鼓励学生提前接触新课程，了解新课程，明确自己的职业与人生目标，激发学生内在成长动力，启发学生立志成为某一领域的领军人物或杰出人才，为学生职业与人生规划导航。

课堂是一个老生常谈的话题，从"入模、出模到超模"，其实，始终都是围绕一个中心在转，即有效教学。有效教学不仅仅是有效果的教学，而且还是有效率的教学。高中生苦、高中生累，这是人人皆知的事，社会上说附中既不是"天堂"，也不是"地狱"，而是"人间"，应该是和学校"以人为本，全面发展"的办学理念和办学行为有关。但是，附中承载了领导和家长们太多的期望，因此，褒贬不一。每到学校的开放日，不少来自全省、全国的同行来附中观摩老师们的课堂教学。作为一名科任教师，能够玩转课堂就已经谢天谢地了，特别是要招待客人的时候，我是想尽了办法，什么"读一读""想一想""做一做"，什么"角色扮演""小组讨论""巩固练习"，让人眼花缭乱，应接不暇。但是，我在赢得掌声的同时，也在进行思考，为什么不能让学生和课本对话？如果让学生安静地做二十分钟练习，或者看二十分钟的教材，安安静静，返璞归真，可能效果会更好。有时候教师胆子可以大一点，实事求是，推出自然状态下的观摩课。

怎样开发校本课程，国家课程和校本课程的模块怎样组合？高中必修课程、选修课程国家课程标准早就规定好了，高考、学考指挥棒早就点到位了，校本课程像是在夹缝里求生存，时间少得可怜。于是，有人又提出国家课程校本化，想整合起来。我也曾经想过，例如，将《旅游地理》《自然灾害与防治》《环境保护》三个选修模块的教材整合起来，整合成一本《高考地理选修模块综合教程》。但是，教材可不是随便就能弄好的，教材是经过教育部审批的，自己的水平有限。校本课程的核心是什么？简言之，就是以校为本，以学生为本，基于学校，服务于学校。"小曲好唱口难开"，编写校本教材首先要想想与国内同类校本教材相比较，自己的特色是什么，创新点在哪里？形象地打个比方，去掉封面上的标签——"××中学校本教材"，只要打开里面的三级目录一看，就知道不是湖南省其他中学的校本教材，因为"此书只能该校有，他校难得几回闻"，校本特色鲜明。

现代高中教育实验学校的成功范例很多。在课堂教学改革上，有"自主、合作、探究"的课堂教学模式；在学习用具改革上，有导学案、自主学习册；在能力、个性的培养上，有大量的活动课程、拓展课程。这些组合拳能否有效地揭示教育规律，提供新的认识，仍需要一段时间，需要校本教研、校本培训、校本管理予以支持，更需要教师群体的自觉行动。离开教师这个主体队伍，所有改革实验都只会停留在演示阶段，只会热闹一阵子，难以撼动亘古千年的授业模式。人们不能停下探索的脚步，还得努力前行。

自行车有两个轮子，前轮是方向轮，后轮是驱动轮。学校也有两个轮子，前轮是课程改革，后轮是课堂教学改革。两个轮子一起转，速度要协调，方向要一致，驰车才快才稳，这也是课程、课堂教学改革成功的关键所在。

三、教学微革命——微课、慕课与翻转课堂

1. 微课——精讲多练的帮手

一节课有多久？40～45 分钟。一天有几节课？8～9 节是家常便饭。老师们在课堂上声嘶力竭，学生们在课堂上昏昏欲睡。一般人注意力集中的有效时间有多长？一节课充其量就是 10 到 20 分钟，这和经济领域的"20％法则"是一致的，即"事物 80％的价值集中于 20％的组成部分之中"。真正有效的教学应该突出重点，而不是平均用力，面面俱到，不应该在学习内容上跟学生绕圈子，剥夺学生思考的时间、消化的时间。

因材施教应该是因"弱"施教、因"难"施教，即针对学生的薄弱环节和难点问题施教。微课教学目标相对单一，教学内容更加精减，主要是围绕教学中的重点、难点、疑点内容展开的，教学指向更加明确。微课时间在 10 分钟左右，内容精练，集中说明一个问题，这种微课对高效课堂具有启发性，尤其对青年教师参加教学比赛具有指导意义。有的青年教师在参加片段教学大赛时，语言啰嗦，情境繁琐，虎头蛇尾，不知精准发力。当然，普通课堂也可能同时存在多个知识点，要完成大量的复杂的教学内容，达成多个教学目标，这更适合连堂课，适合长课时课。

微课虽然时间微、容量微，但也要建立反馈机制，课堂作业是"静态"的反馈机制，师生、生生互动是"动态"的反馈机制。微课同样具有生成性，课堂上将学生的问题、困惑等加入到微课的资源之中，使微课具备了很好的针对性，起到了春风化雨的作用。教师不要以为下载一个视频放给学生看一看，然后讨论一下就是微课，微课的"微"微在实效，时效只是形式。

简洁即美丽，高效教学需要微课，微课可以在快节奏的学习生活中展现自己的魅力，让精讲多练成为可能。

2. 慕课——无处不在的"老师"

慕课是大规模在线开放课程（Massive Open Online Course，MooCs）的译音。"互联网＋教育"重构了学习资源聚集的渠道，人工智能教育云技术逐步运用到了教学当中，以网络为媒介，在线高清教学直播，视频可随时回放。视频由优秀的教师主讲，学生有疑问可以利用教育云平台一对一互动，一对一点评，以教学视频穿插互动交流的教学模式，使得慕课具有了让任何人在任何地点和任何时间内都可以获得最优质教育的可能，从根本上改变了学校封闭式的教学格局，起到了"破墙"效应。

这场由信息技术革命引发的新的教育模式，满足了学生自身的学习需求和个人意义。在线开放课程提供了丰富的课程超市，优质教育资源不断被充实和丰富，获取知识变得更加快捷。有的学习资料已经和互联网结合起来了，学生只要用手机扫一扫书上的二维码，对应的试题就会有视频讲解，学生可以自行求解学习难题，这不但提高了学习效率，还扩充了教材的意义，锻炼了学生自主学习的能力。

慕课向学校任课教师提出了挑战，教师不再是知识和信息来源的权威。如果有学生对你说："老师，百度一下，我就会知道，我为什么要辛辛苦苦背这些东西。""网上有，回去看就行了。"你还需要讲吗？慕课使教师"备学生"的工作提到了更高的位置，"备教材"将逊位于"备学生"，教师不应该再以教给学生什么知识为出发点，而是要更加关注学生现在的认识水平是什么，学生有怎样的学习需求。我们需要扪心自问，公开课、竞赛课上，我们有多少"作秀"的痕迹？说学逗唱，上课娱乐化，复习题海化，考试纸笔化，老师忙改课，学生被忽悠。我们一些评委喜欢看"热闹"，喜欢看学生在课堂上发了多少次言，回答了多少个问题，做了多少个互动活动，有多少次笑声，至于教师讲的内容是不是重要的知识，那就另当别论了。

师生互动在课堂上是必要的，但其本身只是一种教学行为，并非我们所谈的探究性学习的实质。静思更有利于学生的深度学习，当深度学习发生时，学生是不需要和老师面对面对话的，而是需要和书中的哲人进行心灵的交流。但是，满堂问、满堂动、满堂夸，虚假互动、虚假合作探究减少了学生自主学习时间，容易形成浅层阅读的习惯，并且还会造成其他同学的审美疲劳。一部分性格活跃的学生兴高采烈，积极发言，自我陶醉；另一部分性格内向或者思想开小差的学生却冷眼旁观，事不关己高高挂起，无动于衷。慕课可以使许多学生逃离乏味的学校教学，可以在互联网上找到符合自己心理需求的教学资源，众口不再难调了。

现在，现代教育技术将"数字化"巧妙地升级成了"数智化"，可以让师生进行在线交流，教师提供解题过程，学生呈现自己的思维过程。教学可以率先实现"按需分配"。网上预约，私人订制，是大势所趋。教师可以将慕课融入到课堂教学之中，相互结合，相得益彰。

第一代教室强调通风、采光好，第二代教室强调多媒体，第三代教室强调人性化、家庭化、信息化。在"互联网＋"时代，社会教育资源介入到了学校，校外供给弥补了校内供给的不足。教师应该以更加宽阔的胸怀拥抱现代教育技术，将学生、教材、技术进行整合，淡化形式，注重实际。教师仍然是信息技术环境下的主导者，教师的任务性规约引导着学生的自主学习，教师不应该是可有可无的存在。对于学法指导、思维拓展、品德培养此类目标的达成，一线教师的"经验"仍然不可忽视。对于不爱学习、缺乏自信心的学生来说，以"讲—听"为主的慕课模式无法提供必要的帮助，教师察言观色，及时鼓励才是真正重要的。课堂里应该有"人"，人与人的零距离接触是任何教育技术手段取代不了的，"经验"仍然是现代教师必备的职业素养。

3. 翻转课堂——先学后教成为新常态

所谓翻转是指将传统课堂教学中的知识传授部分"翻转"到了课前阶段，而将传统课堂教学课后需要实现的知识内化部分"翻转"到了课中阶段，"课后"学生则是以完成更高层次的"知识探究"为主。

不可否认的是，传统教学也强调课前预习、课中消化、课后巩固，但是，在传统教学过程中，知识传授是通过教师的"课中"讲授来完成的，知识内化则是通过学生"课后"作业、练习或实践来完成的。而在翻转课堂上，知识传授是通过自学在"课前"完成，知识内化则是在"课中"经讨论、交流来完成的，地位有所不同。翻转课堂将有助于促进教师角色的转变，使其从一个讲授者变为真正的学习引导者、启发者。但是，要注意的是，学生的学习是从模仿开始的，是从"听"和"看"开始的，探究活动要有一定的知识铺垫，接受与记忆、理解与探究、体验与感悟要形成一套梯级组合，不能一味地赶时髦，哗众取宠，必须循序渐进。

翻转课堂类似于"先学后教"，是学生主动学习的一种形式，有一定的局限性。一是学生的时间从哪里来？二是学生"课前"自学似懂非懂，能坚持下来吗？三是教师的课堂预设会考虑到学生"课前"的困惑点吗？四是"课中"的讨论、交流，效果、效率如何？现在，培训机构满天飞，市场行情一路看涨，这是对学校教育的一种讽刺和弥补，学生课余都在恶补课堂里落下的内容，"先学"几乎没有时间，"先学后补"反而成为常态，这正是：先学后补靠家教，体育家务都不要；校内校外请名师，成绩名次更重要。独生子女背景下的"四二一"家庭结构提高了学生的教育消费水平，推高了对优质教育的需求，加大了学校教育的难度。

翻转课堂是不是可以减弱教师的课堂教学强度呢？学生通过慕课，可以在课外事先听课，在课堂内再进行深入的探讨、分析，最后解决问题。因此，教师在课中的答疑解惑是翻转课堂的关键环节。俗话说，一千个读者，就有一千个哈姆雷特。这也给教师提出了更高要求，教师必须能够随时随地地解答学生反映的问题，必须能够归纳学生系统性的错误，给予方向性的指导。教学是一种指向性行为，指向靶就是学习目标的达成，教师在课堂上要善于发现学生的困惑，并及时给予指导。问题探究法、讨论法将会成为课堂教学常态，对教师的注意力分配、临场应变能力都有特殊要求，思维强度更大了。

必须重构互联网时代的师生关系。在"互联网＋教育"的时代，以互联网为媒介，将"传递—接受"式课堂教学活动与"自主—探究"式互联网学习活动结合起来，取长补短，交替进行，既注重基础知识的系统传授，又注重培养学生的创新思维能力。现在，慕课似乎还有些外热内冷，主要原因是学生还是习惯在教室里按部就班地学习，加之课业负担较重，所以，主动上网学习的习惯还没有养成。现代化教学的特点是为学而教，而非为教而学，教师研究应该基于互联网的智慧教室、网络课堂，并将这方面的教研成果转化为教学内容，摆脱盲从，淡化形式，注重内容，以更加娴熟的手段来交替使用以上两种教学模式。

教学方法不是在办公室里设计出来，而是在长期的教学实践过程中形成的；不是为"新"而新，为"异"而异，而是从实际出发，脚踏实地地追求课程目标，一步步发展起来的。时髦与传统、创新与继承，正是这个时代所特有的特征，探索更加适合各类学生的学习方法是我们的一种责任与担当。

第七节

点赞：自主学习胜于盲目补习

◆ 过度依赖家教、盲目地游走培训班意义不大，自主学习才是提高学习成绩的关键。

◆ 打仗有战略，经商有策略，学习也有方略。授人以鱼不如授人以渔，"人格自尊、行为自律、学习自主、生活自理"，这是实行新课改后对现代中学生提出来的"四自"培育目标。

把学生培养成考生，为考试而学习，这是教育的悲剧。不唯高考，赢在高考，这是教育的最高境界。打仗有战略，经商有策略，学习也有方略。暑假来临，不少孩子或自愿或被迫奔走在各种文化补习班之间，寄望用埋头苦干提高学习成绩。2015 年 7 月，在湖南师大附中梅溪湖中学科技夏令营，培养出多名优秀毕业生的师大附中特级教师用该校近 40 个"学霸"实例证明：过度依赖家教、盲目地游走培训班意义不大，自主学习才是提高学习成绩的关键。

2015 年 7 月 22 日，湖南日报以《盲目补习不如自主学习》为题进行了报道。2015 年 7 月 26 日，长沙晚报也以《学霸解压有二宝：哭脸和暴走——湖南师大附中教师分享该校近 40 个学霸的成长经历，提醒学生和家长勿过度依赖家教和培训班》为题进行了报道，文章提道"授人以鱼不如授人以渔，师大附中特别为在校学生开设了校本课程《自主学习方法导读》①（由笔者主编），该课程收录该校近几年"学霸"们的学习方法，并大量运用心理学成果进行分析，让新一批学生们站在师哥师姐们的肩膀上去瞭望世界"。

---

① 杨帆. 自主学习方法导读 [C]. 长沙：湖南大学出版社. 2015.

一、什么是自主学习

自主学习是素质教育的重要部分，在提倡和弘扬学生主体意识的今天，探讨和研究自主学习有着十分重要的意义。

自主学习是学生根据学习规则主动地去学习，但是，它有别于所谓的独立学习。因为对中学生而言，非理性、无效率、能力不足等干扰因素潜伏在学习过程之中，所以，自主学习不单单是以学生为孤立个体，同时也需要老师、家长的参与，老师、家长要做三件事：引导、帮助和逐步放手。

学生自主学习能力的高低不仅影响其学业成绩，而且对其毕生发展也有深远的影响。学生自主学习能力的提高，不能游离于知识的形成过程之外，老师要教给学生自主学习的方法，让学生学会自主学习并形成终身自主学习的能力。

作为自主学习中的主体——学生，同样要发挥自己的主观能动性，激发潜在的内驱力，在学习过程中找到学习的动力，学会如何提高学习效率、如何科学安排时间、如何用所学知识解决实际问题。在学习过程中勤于自主学习，勇于自主探究，乐于分享合作。

自主学习是由如下七个环节组成：自我激励、自我定向、自我引导、自我发现、自我调控、自我检查、自我评价。古代印度有句谚语："播种行为，收获习惯；播种习惯，收获性格；播种性格，收获命运。"对中学生来说，独立探索自己所不知的事物越多，这个学生的潜在价值就越大。

二、"登山必自卑"

始建于北宋开宝九年（公元 976 年）的岳麓书院坐落在现湖南长沙的岳麓山下，在书院大门前侧约 200 米处有小亭，名曰"自卑亭"。不少人以为"自卑"二字是"自卑感"的"自卑"，何故？因亭前有"千年学府"岳麓书院。"惟楚有材，于斯为盛"，至此求学，怎不令人肃然起敬？

其实，"自卑"二字出自《中庸》，书中写道："君子之道，辟如行远必自迩；辟如登高必自卑"。意思是说，学习君子的"道"，就好像走远路，一定要从近处开始；好像攀登高山，一定要从低处开始。

我们现在的中小学知识教育就是直接把符号知识呈现出来让学生学习，特别是"高度"发达的应试教育阶段，已经把知识与知识产生的本源联系割断了。知识不仅失去了与知识对象本身认知的关系，而且还失去了知识认识者与知识对象之间的本质关系，即人性化关系和意义关系。中学开设的物理、化学、生物这些课程，本身就是从实验中发展起来的。过去历代的科学家们积累了所发现的事物、现象、原理与原则等宝贵知识，现在的中学生学习，仅在表面文字上求解，当然不够，还要从源头开始，学会在情境中探索实验，自己动手，借以观察究竟，明晰底蕴。

学习社会科学也是如此。德国哲学家黑格尔有句名言："同一句格言，从年轻人口中说出来时，即使他对这句格言理解得完全正确，但总是没有那种饱经风霜的成年人的智慧中所具有的意义和广袤性"。"登山必自卑"由感性到理性，由间接到直接，由源点到终点确有重要的作用，并有导致新发现的可能性。

因此，要做到以下三个"学会"：

1. 学会观察并思考。太阳东升西落，这是人们无数次观察到的现象，如果没有哥白尼的"日心说"，人们至今还以为太阳围绕地球旋转，眼见未必一定为实，知识需要过滤。例如，"螳臂当车"，螳螂挡车轮的作用力，与车轮的反作用力是相等的，为什么螳螂挡不住车，反而被车轮压死了呢？观察与思考是一对亲兄弟，分开了就容易出问题。

2. 学会比较。例如，"速度"这个概念，在政治学里指经济增长速度，物理学里指运动速度。你的学习目标是什么？是学习物理学上的运动速度吗？如果是物理学上的运动速度，那么，你知道车速、船速有何异同？车速是相对于轨道的，船速是相对于水面的。"异"是参照物不同，"同"是相对于参照物的位移。比较是认识事物的基础，比较有特定的对象，只有比较，才有鉴别，才有认识。

3. 学会辩证思维。1个男人＋1个女人＝？数学老师说，不能相加，因为他们不是同名数，既不等于 2 个男人，也不等于 2 个女人；政治老师说等于 1，因为 2 个人同心同德，形成一个集体；生物老师说等于 3，因为男人和女人的幸福相加，组成了 3 人世界。每个学科都有自己独特的概念、独特的思维方式。学科研究正是运用学科独特的视野、角度，对复杂的生活问题进行选择、透视，教学学科化则是改造与抽象，形成该学科的基本结构——概念和原理。只有学会辩证思维，掌握各个学科的游戏规则，并内化到心中，才不会处于混沌之中。

很多时候，学习并不能马上给我们一个结果，它不是一蹴而就的事情，学习需要积累，循序渐进，由量变到质变。有学者将知识分为知识丰度、知识质量、知识序度、知识活力、知识势能指数、知识创新效率六项。博览群书、学识渊博指的是知识丰度；对所学知识掌握得是深刻还是肤浅，精辟还是宽泛，这是知识质量；掌握的知识是有条不紊，还是杂乱无章，这是知识序度；能否融会贯通、举一反三，这是知识活力；随着学习的深入，从入门知识到核心知识、前沿知识，不断取得突破，所占比例不断提高，这是知识势能指数；在单位时间内把所学知识运用于创新实践，取得重大成果，这是知识创新效率。如果这六种能力能够综合聚变，就能够实现"高次方函数"。①

三、克服学习上的"高原反应"

在初中学习阶段，中学生大脑中存储的知识量还比较少，每一次较少的知识扩展都会使人产生一种进步感；进入高中学习阶段，随着学习的不断深入，一些学生会发现学习效率降低，进步速度减慢，处于一种停滞、半停滞状态，尽管每天都在勤奋努力，但是收效甚微，这被称为"高原现象"。"高原现象"往往使人产生沮丧心理，甚至陷入"灰心生动摇、动摇生失败"的恶性循环之中。

进入"高原期"的学生对于学习内容几乎都炒了"夹生饭"："朦胧式"

---

① 周宏，何建文. 学生学习新策略［M］. 北京：中央民族大学出版社，2002.

理解，"机械式"模仿，思路单一。上课时一听就"懂"，下课后一做就错——"这个题我应该做得出来的"。"熟悉的陌生"是学生最多的自我解释，这种解释一直在阻碍学生学习的进步。

高中阶段的学生最怕什么？最怕学习成绩不好。老师最怕什么？最怕学生厌学。厌学表现为松懈、疲沓、漫不经心、索然寡味、情绪低落、不思进取等现象。其实，求知是人的本性，生命之初我们就对这个世界充满了好奇和探索意识。同时，我们大脑的"快乐中枢"也会因受到刺激而产生满足感和愉悦感。当我们关注学习带来的成果，而不是为了学而学的时候，这种乐趣会慢慢减退甚至丧失。

如何克服"高原现象"？在学习方法方面可以尝试以下几种方法：

1. 采取显微镜式的学习方法与望远镜式的学习方法，有效序化知识。对典型例题进行细嚼慢咽，分析解题过程和解题技巧，借此掌握一类题的做题方法，这是显微镜式的学习方法，这种方法可以活化知识；对知识体系进行归纳，了解哪些是重点、难点，哪些知识点具有承前启后的作用，这是望远镜式的学习方法，这种方法可以序化知识。

2. 采取循序渐进式的学习方法与跳跃式的学习方法，有效调控知识。慢工出细活，一步一步打基础，这是循序渐进式的学习方法；缺什么补什么，有所为，有所不为，从问题入手强化学习手段和学习内容，这是跳跃式的学习方法。学习过程中需要学生根据学习结果修正学习计划，改变学习方式，随学情而变通，而不是一味埋头苦干，一条道走到黑。

3. 采取加法式学习方法与减法式学习方法，有效管控所学知识。知识分析越细，内容就会越多。从第一章第一节，读到教材的最后一章最后一节，知识从少到多，书从薄到厚，这是加法式学习方法；淘汰陈旧知识，更新不合理的学习方式，抓住全书的精髓，总结提炼知识，书从厚到薄，这是减法式学习方法。一些学生每天都跟着教学进度走，每天都有做不完的作业，仿佛永远都在面对书山学海，却从来没有合卷反思，总结归纳过一天的收获、一本书的收获、一门课的收获，知识回收率低。

4. 采取激励式学习方法与审美式学习方法，有效悦纳知识。一个学生对数学不感兴趣，但他对数学在理科学习中的地位有清醒的认识，所以还是强迫自己克服困难，孜孜不倦地学习数学，这是激励式学习方法；一个学生对英语很感兴趣，因此，他读起英语生词来总是津津有味，乐此不疲，这是审美式学习方法，具有审美式学习方法的学生更能够发现学习的意义与价值，更能够从学习中感悟到世界的奥妙。第二种学习方法更有利于学习，但是，学习不是一帆风顺的，也不是一路欢歌的，需要交替使用两种方法。

5. 采取"听、说、读、写"基础型学习方法，有效活化知识。你一定会说"听、说、读、写"是小学生的事，其实不然，你是否抓住了老师讲课的中心，理解了所听内容的实质？你是否读懂了教材的脉络，提炼出了中心思想？你是否词达意明，说到了点子上？你是否生动地表达了事物的内在联系，语言条理化？"听"了不等于"听得好"，"读"了不等于"读得懂"，"说"了不等于"说得明"，"写"了不等于"写得清"。听、读是"输入"，说、写是"输出"，聪明的学生往往能够从老师的谈话中发现问题，能够对课本中的问题进行批判，能够完整地叙述问题的答案，思维的过程既有内在美，又有外在美。因此，无论是对文科科目的学习，还是对理科科目的学习，都要学会"输入"和"输出"，让知识"活"起来。

四、人各有一体，你体归你体

清代"扬州八怪"之一的郑板桥，曾立下"熔铸古今"，掌握各家书法的大志，他废寝忘食，夜以继日地临摹，简直到了入迷的程度。有一天夜里躺在床上，他还用手在被子上练字，不料在写一撇时，因为太用力，竟重重地"撇"到他妻子的身上去了。他妻子一下子惊醒，嗔怪道："人各有一体，你体归你体，你这是做什么？"郑板桥听了，猛然醒悟，他想："书法也是贵在自成一体，一味临摹怎么能行呢？"这以后，他便力求创新，摸索着把画竹的技巧渗透在书法中，终于创造出一种崭新的字体——板桥体。

学习也是一样，贵在创新。传统的学习方法是学习——考试——学习，获取的只是固定的见解、方法和规则，目的是应付已知的、重复发生的情况。现代学习方法则是学习——创造——主动学习，目的是让学生运用已学到的规律去探明新的科学事实，并获得学习新知识的思维方法，从而享受到"发现"的乐趣、创造的乐趣。使用传统学习方法的学生，其情绪容易出现受迫性，人格表现为从众性和依赖性，这与现代教育的目标是背道而驰的。

一味地强调记忆和反复练习以求掌握某种既得的知识，思维就会缺乏自发性和主动性。美国心理学家布鲁纳对"发现"一词的解释是，发现不限于寻求人类尚未知晓的事物，确切地说，它包括用自己的头脑，亲自获得知识的一切方法。

自主学习的策略，常常体现在学习方法的选择与运用上。就是说，学习者为了达到某一学习目的，完成某一学习步骤，究竟要用哪些学习方法，什么时候又用什么学习方法，以及各种学习方法如何搭配，这是学习策略应当考虑的问题。自主学习能力的提高与学习方法的内化是相辅相成的，有的学生不结合自己的实际，套用别人的学习方法，以为只要照搬普遍规律，就会在自己身上发生奇效。实践结果发现效果不佳，于是就怀疑学习方法是骗人之谈，把一切都否定了，这样的例子是常见的，因此，对每个人来说，最要紧的是找出自己思维的特殊规律。只有适合自己的，才是最好的，要学会取舍，做一个优秀的自我管理者。

第八节

再出发：当一切归零以后

◆ 优秀的教师必须拥有四大支撑，即远大的职业境界、丰富的知识底蕴、高超的教育智慧和宏阔的课程资源。

◆ "年轻"二字会渐渐离我们远去，网络时代，各种在线课程层出不穷，老师们必须跟进，否则，学生有怎样的学习和情感需求，有什么样的认识水平，我们会弄不懂，我们的"笑点"会距离学生的"笑点"越来越远。

2014年7月，我看到一所大学的辅导员在该学院毕业生毕业典礼上的一则发言，他说："当你们离开大学校园后，无论你是'985'大学的毕业生，还是'211'大学的毕业生，或是普通大学的毕业生，你们都站在同一起跑线上，一切都归零，一切都要重新开始。"同月，湖南师大附中梅溪湖中学举行全校教师大会。在会上，领导介绍了刚刚参加工作的本科生、研究生，清一色的都是重点大学的毕业生，阳光、朝气，新的教育征程开始了。

站在起跑线上，眺望远方，怎样成为一名优秀的教师？优秀的教师必须拥有四大支撑，即远大的职业境界、丰富的知识底蕴、高超的教育智慧和宏阔的课程资源。

一、远大的职业境界

"我为什么要当中学老师？""我为什么要到湖南师大附中梅溪湖中学当老师？"有的年轻老师告诉我，这里的环境好，工作条件好。心理学家马斯洛有一个需要层级理论，安全、爱和归属感属于基本的需求，自我价值的实现属于高层级的生长需求。希望满足个人的基本需求是无可厚非的，而且不需要等那么长的时间就能够实现。但是，只有实现了自我价值的高层级追求，生活才有意义，生命才有价值和尊严。怎样实现自我价值？俗话说"名师出高徒"，其实，这句话有点片面，名师是靠高徒抬起来的，你的学生有出息，你就出名了，或者说有为才有位。我们的青年教师过五关斩六将，经过了笔试、面试，就是还缺一个长时间的操作实践考试。文凭在招聘考试时就用完了，不能再透支了。要想华丽转身，就要做一些实实在在的事，在教育、教学、教研工作中干出实绩，收获成就，收获快乐。

二、丰富的知识底蕴

北京师范大学林崇德教授认为，当一名教师要具备本体性知识（如学科知识）、文化知识（如文理交融）、实践知识（如教育教学智慧）、条件性知识（如学生身心发展知识）；教师的外部行为表现为"技术＋艺术"；课堂教学基本功概括为八个字即"教无定法，选有定则"。①

在湖南师大附中梅溪湖中学教师大会上，学校领导要求青年老师做一做当年的中、高考试卷，这就是对本体性知识的考查。这还不够，要学会写答案解析，学会剖析试题的优缺点，从仰视、侧视到俯视，全方位研究中、高考试题。记得附中历史组曾经有一位特级教师，退休前就一道高考试题写了一篇论文，该文以小见大，洞察力敏锐，人大复印资料全文转载了。教育学、心理学在大学里面好像学过，这只是用来对付学分的，不是用来对付学生的。为什么有时候教研组和年级组在选人的时候意见不统一？原因就是教研组看重的是"会教"，年级组看重的是"会管"。中学教育具有强烈的实践性，教师如果不能有效地管控课堂上的问题行为，就需要反思自己的条件性知识了。

面对学生日益个性化、多元化的复杂背景，在网络世界里，学生在新知识、新信息方面知道得比我们还要多，他们玩智能手机的本事和乐趣，

---

① 林崇德. 教育的智慧——写给中小学教师［M］. 北京：开明出版社，1999.

是我们所不能理解的另外一个世界。网络世界可以告诉学生一切问题的答案，教师的"一桶水"早就是杯水车薪了，教师需要活水源头。

三、高超的教育智慧

北京师范大学陈会昌教授发明了自己的教育理论——"态度教育论"，即"教师好好教，学生好好学，教师教得好，学生学得巧"，[①] 后面两句应该叫"智慧教育论"，点石成金指的就是智慧的教学，智慧的教师往往能够发现学生的困惑并及时提供支持和帮助。有的老师肚子里有货，但是说不清、道不明，关键是没有及时跟进学生的思维，没有雪中送炭。附中教务处每学期都有一次评教评学活动，活动中学生既给面子又给力。给面子是在客观评分一栏给每个老师都打高分，都是优良，给力是在主观评价一栏给老师提出了许多中肯的意见和建议。评教不是考核，是老师和学生的理解性对话，宽松的管理有利于对话的深入，通过理解性对话，师生都能从防御对抗中解放出来，学生在向老师谈自己的想法时不会感到任何约束，老师借此明白自己哪些指标是受学生欢迎的，哪些指标需要改进。行政权力的过度干预不利于这种理解性对话的生成。

教师才华的顶点是自我监控能力（自我检查、自我校正、自我强化）。

智慧型的老师能防微杜渐，也能闻过则喜。智慧型的老师常常会扪心自问：教材处理好了没有？学生是否在听我讲课？打收条没有？还有什么办法可以上得更好？现在，上级部门正在制定延迟退休方案，我们的老师会从哥哥辈、叔叔辈干到爷爷辈，从姐姐辈、阿姨辈干到奶奶辈，教师的成熟化有可能导致教学的套路化，而学生却越来越后现代化，只有愚笨型的老师会固执己见，会一成不变。

从普通到卓越，教师的发展可以分为三个阶段，第一是趋同性适应阶段，来自不同高校的毕业生来到同一所学校，不熟悉教材，对学生充满好

① 陈会昌. 德育忧思——转型期学生个性心理研究［M］. 北京：华文出版社. 1999.

奇，对考试评价充满期待，渴望名师指导，渴望同伴相助，渴望领导理解，每天都充满了新意，每天都要适应，每天都有点手忙脚乱；第二阶段是同质化阶段，这个时候对教学内容和学校工作流程已经很熟悉了，每天可以按部就班地工作、生活，教育、教学似乎无可挑剔了，成为学校的一名"熟练工"，样样都拿得起、放得下，社会化行动能够满足学校的一般期望；第三阶段是趋异性适应阶段，表面上同事们是在同一所学校工作，但是有的老师开始关注课改理论，尝试课改实验，从事务性工作中脱颖而出，在班主任工作、教学工作、教研工作方面有独到的建树，在结构化团队当中脱颖而出，这种教师往往有敢为人先的精神，有创造性的思维在里面。

四、宏阔的课程资源

2016 年 6 月，在岳麓区教育局组织的一次教师招聘会上，我曾经听了几节初中政治课，讲的是"教育的意义"，有的老师讲教育对个人的意义时，案例说得很生动，但是谈到教育对国家的意义时，却鲜有素材。其实，这样的案例很多，例如，以色列是一个弹丸之地，矿产和水资源极为缺乏，大半土地是沙漠和荒山，又面临与周围阿拉伯国家长期敌对的特殊外部环境，但经过半个多世纪的努力，却将一片贫瘠的荒漠建设成为一个科技、经济和军事强国，这在很大程度上要归功于以色列的高素质人才、先进的教育体制以及科教兴国的发展战略。以色列人认为："对教育的投资是有远见的投资"，"教育是创造以色列新民族的希望所在"。这样的案例如果拿出来，可以起到画龙点睛的作用。初中生需要老师用教材教，而不是教教材，实际上，政、历、地是不分家的，如果一个老师具有了宏阔的课程资源，就能够左右逢源，得心应手。

"年轻"二字会渐渐离我们远去，在网络时代，各种在线课程层出不穷，课堂翻转不可避免，教师不再是过去意义上的知识垄断者和权威，老师们必须跟进，知识的深度和广度需要不断拓展，否则，学生有怎样的学习和情感需求，有什么样的认识水平，我们会弄不懂，我们的"笑点"会距离学生的"笑点"越来越远。

教育目标从"双基"（基础知识、基本技能）目标，到"三维目标"（知识与技能、过程与方法、情感态度与价值观），再到"核心素养"（必备知识和关键能力），培养目标正在悄悄地发生变革。在互联网时代，知识随时被充实和丰富，获取知识更加快捷，方法的指导、思维和品德的培养将会成为课程的延伸。天天上课，年年讲教材，时时面对学生，学校的日常生活表面上是单调的，但不等于机械和乏味，我们不能手拿"旧船票"去登"新客船"，不能把观念和行动变成"两张皮"，否则，职业倦怠感很容易袭上心头。教育的素材彰显着生活的色彩，学校的教育、教学有如生命之展开，激发我们去探索，教师要研究性地教，才能常教常新。

课改要求教师的角色多元化转变，课程由必修到选修，学生管理从单一的班级管理到学习团队的管理，复合型任务越来越多。教师最大的悲剧在于"错了"还不知道"错在哪里"，常常抱怨"好心得不到好报"。教师的胜任力需重新定义，面对复杂、开放性的教育情境，"研究＋行动＋反思"是一条必经之路，教师必须时时更新自己的知识结构、思维方式，理解学生的文化世界，寻求与学生对话，学习新技术，创新教育教学方法，拥有更加宏阔的课程资源。

文凭是纸，能力是银，创新是金，"教师劳动的创造性不是由他教授的内容本身决定的，而是由学校培养人的专业实践的复杂性决定的。他不同于科学家、技术家、艺术家的创造，他是直接面对人的生命、促进人的生命发展的创造性工作"。[①] 对于教师而言，一本教材吃一辈子的年代已经一去不复返了，年年老套路更不适应新课改、新高考。当一切归零以后，教师需要再出发。

① 叶澜主编. 教育学原理［M］. 北京：人民教育出版社，2007.

第三章 课题：去功利化教育的推力

第一节

"一主三性"班级管理模式研究

◆ 现代德育主张激励学生"自尊、自爱、自立、自信、自强"，能主动地反思自己，能进行自我激励，主动地学习，并养成良好的行为习惯和较强的自制力。

◆ 在班级管理中，应该以学生为主体，突出学生的"自为性、自主性、能动性"，由学生自定成长目标，自析成长环境，自寻成长动力，自开成长渠道，自研成长方法，自评成长效果，在活动情境中促进学生的体验内化，营造一种健康、高效的课堂环境，满足师生彼此的需要。

一、问题的提出

对于大班制的学校而言，备受领导、教师和家长关注的教育问题，莫过于课堂纪律，因为课堂纪律足以决定教学的成败。传统的课堂管理往往过分强调控制学生的消极行为，而不是着眼于创建一种激发积极行为的环境，这种传统管理模式与现代德育所主张的激励学生"自尊、自爱、自立、自信、自强"目标是相悖逆的。

2002 年至 2004 年，我校承担了湖南大学社科基金项目《课堂教学双向心理建构》，该项目旨在探讨如何营造一种健康、高效的课堂环境，建构一种能够满足师生彼此需要，相互扶持的课堂管理模式。2002 年 12 月，课题组采用半结构访谈和问卷的形式，对全校的课堂管理情况进行了调查，调查发现，全校绝大部分班级课堂气氛和谐，教学效果不错。但是，八年级有一个班（以下简称 X 班）引起了我们的注意，这个班从七年级第二个学期开始，出现了课堂纪律混乱、学风严重滑坡的现象，学校接连更换了三个班主任也未见效。课题组决定以 X 班为实验班，以同年级纪律、学风均比较稳定的××班为控制班，进行"一主三性"班级管理模式的实验研究。

二、实验研究构想

所谓"一主"是指在班级管理中以学生为主体。在教育过程中，学生的主体地位是不可替代的，认识的提高、情感的变化、行为的展开，都得由学生自己来完成。在班级管理目标的确定上，不仅要考虑学校校纪校规的要求，更要重视学生自身成长的需要，遵循学生生理和心理发展的规律。在管理方法和途径上，不仅要发挥教师的主导作用，更要强调学生的主体参与，使学生成为全面发展的人。

古典行为主义往往强调行为强化和承担后果，通过系统地操纵后果来矫正学生的行为，它最大的短处是使学生迫不得已地奉命行事，容易导致焦虑、沮丧等消极行为，同时也使教师疏于检查自己的教学方法。建构主义重视隐藏在师生行为之下的原因和情感，理解引发学生行为问题的各种动机，同时也思考如何对这些动机有所影响，因此更强调自我管理和社交技能的训练。哈格里夫斯认为，教师眼中的捣乱行为，也许是对学校教育的一种合乎情理的批判。学生必须成为教育过程中的合作者，必须理解学习过程，必须成为自己学习的主要决策者，必须能够主动地参与学习和评价过程。当这一切实现时，教师就不必花多少时间来管理学生的不良行为了。①

从班级管理的起点、过程、终点三方面看，学生始终是第一位的，因为管理是因学生而起，管理过程是因学生而动，管理结果是学生受益。因此，班级管理应突出学生的"自为性、自主性、能动性"，由学生自定成长目标，自析成长环境，自寻成长动力，自开成长渠道，自研成长方法，

---

① ［美］VemonF. Jones & Louise S. Jones，方彤等译. 全面课堂管理［M］. 北京：中国轻工业出版社，2002.

自评成长效果，使学生成为自己整体素质全面发展的主人。① 所以班级管理的主要目标包括：（1）学生能主动地反思自己，在学习和生活上有良好的自制力；（2）树立正确的学习观和竞争意识、团队意识，能进行自我激励，主动学习；（3）能养成良好的行为习惯和劳动态度。

三、实施途径与干预措施

2003 年 2 月，我们对 X 班进行了一次开放性问卷调查，题目是《我看 X 班》。通过编码统计，发现班上有两个问题最为突出：一是课堂纪律差，如上课吵闹；二是习惯差，劳动观念不强，如乱丢垃圾，大扫除时常有人不参加。我们与科任老师和部分学生进行了座谈，了解到这个班的学生有以下特点：活泼好动但自制力弱，要求上进但习惯差，人聪敏但不够勤奋。根据所获得的信息，课题组制定了以下干预措施：

$$
\begin{array}{lll}
\text{认知系统} \longrightarrow \left\{ \begin{array}{l} \text{主题班会} \\ \text{自我归因} \\ \text{学生讨论} \end{array} \right. &
\text{情意系统} \longrightarrow \left\{ \begin{array}{l} \text{角色扮演} \\ \text{榜样激发} \\ \text{异质互动} \end{array} \right. &
\text{行为系统} \longrightarrow \left\{ \begin{array}{l} \text{一贯要求} \\ \text{行为矫正} \\ \text{反馈指导} \end{array} \right.
\end{array}
$$

1. 认知系统中的干预措施

主题班会、自我归因、学生讨论实际上是以整体形式干预学生的认知系统，学生通过写日记、开班会，反思内化，自我认知。例如，班上召开了"我看 X 班""我理想中的 X 班""我的人生格言""告别陋习，走向文明""二十年后再相聚"等主题班会，在会上，学生坦诚地检讨了自己的缺点，指出了班上的不足，畅谈了今后的打算，语言真挚，气氛热烈。一位同学在班会上谈道："我和大多数同学一样，也是个活泼调皮的学生，是个经常在课堂上扰乱纪律的学生，就是因为我们班有许多像我这样的学生，使整个班变成了一个差班，对此我感到十分内疚和惭愧。其实我们班还没到无药可救的地步，我们都很爱这个班，我们会努力。"研究表明，抓住了学生的认知、个性和适应性三个心理维度，班上就能够形成结构与

---

① 詹万生. 整体构建德育体系总论［M］. 北京：教育科学出版社，2001.22.

功能相匹配的良好的自组织系统。

2. 情意系统中的干预措施

让学生体验守纪与违纪状况下的不同学习效果，对于学生的自我情绪调节具有良好的作用。例如，由班上几名经常违纪的同学收集、整理一些违纪行为，再让其他一些同学扮演某个人物角色，表演幽默小品剧，大家在笑声中共同感受和评价剧中人物的内心活动。因为取材于实际生活，这种小品剧能够引起全班的情感共鸣。

榜样的激发同样也很重要，X班中有一部分好学上进的学生，班主任及时发现并向全班推介这些同学的经验，做到"点拨"和"引导"相结合，逐步实现从教师"言传"到学生"意会"的过渡。根据X班学生团结互爱这一特征，在2003年上学期，为了迎接地理、生物毕业会考，班上采取"一帮一"的办法，让基础好的学生帮助基础差的同学，学生在竞争中合作，在合作中竞争，激发了学生参与教育教学的积极性、主动性和创造性，全班的合格率一次性达到了98%。

3. 行为系统的干预措施

在帮助学生更新认识、端正态度、调节情绪的过程中，教师还必须辅之以行为干预。这一措施包括三个方面：（1）一贯要求。卫生状况不佳，过去一直是这个班的老问题，这实际上反映了这个班的学生有一个懒散的毛病。班主任引导学生端正认识以后，制定了一个合理的矫正方案，由值日生每天检查，自我监督。（2）行为矫正。有的学生经常回家不做作业，第二天返校后抄袭同学的作业，对于这一行为，班主任指导学生科学安排课余时间，同学之间互相监督。（3）反馈指导。学生如何树立正确的角色意识，养成符合角色规范的行为，教师的反馈指导是必不可少的。例如，班主任经常和学生谈心，和学生交流"怎样学会'听话'"，让学生在交往中学会倾听，学会思辨，学会选择理性的行为，这对学生的心理发展是一剂良药。

四、实验研究结果

我们选择的实验班和控制班，除了班主任不同以外，其他任课教师是一样的，教学进度和难度也是一样的。在实验之前，根据学校领导、任课教师和家长的评价，实验班和控制班差异显著，但是在实验过程之中和实验结束之后，实验班进步显著，班主任不仅没有被调换，而且还被评为学校优秀党员。我们把学生的评优评先作为一个重要指标来说明实验效果。2004年度实验班和控制班在全校的德育常规评比中，都被评为了"达标班集体"，实验班11人次被评为"优秀学生干部和三好学生、文明学生、优秀团员"，7人次被评为学习积极分子、文体积极分子、卫生积极分子。控制班仅在单项积极分子评估中比实验班多出1人次。实验班的一位同学在日记中写道："我们X班曾经为自己的行为付出了惨痛的代价，X班成了差班的代号。我们开始从沉睡中醒来，坏习惯被一个个歼灭，成绩在一步步地提高，老师的表扬多起来了，荣誉感和自尊心又回来了。学校曾组织我们到韶山参观，我们做到了又快又齐。谁说我们班最捣蛋，这恰恰证明了我们天真、机灵，我看到了我们内在的潜能。"

2003年3月、2003年10月、2004年5月，课题组对实验班和控制班进行了前测、中测和后测，量表：《青少年心理适应性量表》；编制者：北京师范大学心理学院陈会昌教授；方式：学生自我报告（自己填写选项）；统计：SPSS软件。统计结果如下（见表1、表2）：

表1

平均数±标准差		学习兴趣	上课纪律	作业习惯	生活习惯	劳动观念
前测	实验班	9.84±5.16	8.95±4.60	12.95±6.23	8.16±5.75	5.68±4.11
	控制班	9.10±5.91	7.04±5.23	8.69±7.07	6.84±5.74	5.65±4.99
中测	实验班	10.44±8.28	9.46±4.99	12.10±8.43	6.90±5.46	6.64±6.66
	控制班	9.67±7.09	7.78±4.64	9.72±5.75	5.91±5.06	4.1±74.23
后测	实验班	7.62±4.59	10.03±4.85	13.51±7.58	7.14±6.15	5.46±4.51
	控制班	16.68±14.54	13.30±9.68	19.27±16.62	10.81±9.83	7.92±9.53

表 2

相对差异系数	学习兴趣	上课纪律	作业习惯	生活习惯	劳动观念
前测	0.149	0.003 *	0.000 * *	0.196	0.554
中测	0.649	0.112	0.127	0.391	0.042
后测	0.001 * *	0.070	0.059	0.058	0.160

（＊＊表示差异系数极其显著，sig ≦ 0.01；＊表示差异显著，sig ≦ 0.05；sig＞0.05，差异不显著）

从以上数据可以看出，前测实验班在上课纪律、作业习惯方面明显差于控制班，其他方面差异不显著；中测实验班在劳动观念方面明显优于控制班，在上课纪律和作业习惯方面和控制班差异不显著；后测实验班在学习兴趣方面明显优于控制班，其他方面差异不显著。

三次施测结果的重测信度在 0.894～0.897 之间，这说明测试结果是可信的。

五、分析与讨论

"一主三性"班级管理模式对学校的德育工作具有很强的指导意义，教育学生贵在得"法"，X 班在实验之前管理失控，和某些教师操之过急，措施简单不无关系。没有学生的自我认识与自我约束，班级管理要走向成功几乎是不可能的。"一主三性"的价值论意义主要体现在以下方面：

1. 对未成年人进行思想教育应该以积极活动和交往为基础

处于成长阶段的青少年都有参加集体生活的需要和愿望，并且在交往中十分重视集体的舆论和同学的情谊，珍惜自己在集体活动中的地位、声誉，因此，开展集体活动是学生进行自我教育的有效途径。活动要以学生为主体，充分发挥他们的积极性、主动性和创造性。同时，活动要有明确的目的和要求，各种活动前后衔接，相互配合，要富有吸引力。

2. 自我认识和评价是学生心理教育的重要条件

人的心理是一个不断发展变化的动态过程，而不是一成不变的凝固物，未成年人更是如此。进入中学以后，学习科目增加，学习难度增大，学生已有的行为习惯和心理素质与教育的要求不相适应。如果学生对自己的认识、判断、评定失误，就容易导致行为的错位，这就需要学生通过对照与反思，更好地认识自己。主题班会是最经常最直接的心理教育活动，学生以互动为契机，相互对比交流，了解自己和集体中的积极因素和消极因素，从而为今后的进步创造有利条件。

3. 自我品德行为实践是班级管理成败的关键

学生在进步的过程中会出现一些反复，这符合半孩子半成人的身心发展规律，但是，学生能否最终采取自我誓约、自我鼓励、自我监督、自我控制等一系列手段来实现既定目标，这是班级管理成败的关键。有时，学生心里明白了某个道理，但在行为上还是管不住自己，这并不是主观故意，对此，教师要给学生一个平台，让学生自己采取措施纠正，自我进行品德行为实践。

总之，构建"一主三性"的班级管理模式，就是要在活动情境中促进学生的体验内化，培养学生的认知品质、个性品质和适应能力，帮助学生解决生活、学习中遇到的困难，为学生整体素质的发展奠定良好的基础。

第二节

研究性学习在高中教学中的实践与反思

◆ 新课程改革的一个重要内容是转变学生的学习方式，把学习建立在人的主体性、自觉性和自主性基础之上，凸显学习过程中的发现、探究、研究，使学习过程真正成为学生生动活泼的成长过程，培养学生的创新精神和实践能力，促进人的可持续发展。

◆ 研究性学习本身具有开放性的特点，研究范围涉及人与自然关系领域、人与社会关系领域、人与文化关系领域、人与自我关系领域。过去，我们过多地倚重"接受性学习"，现在，找回"研究性学习"在课程中的应有位置，把"探究能力"的培养作为学生学习能力的有机组成部分，是学校开展研究性学习的出发点和归属。

一、问题的提出

传统教育中存在的弊端，已屡屡受到人们的抨击，如传统教学往往强调接受与掌握，忽视发现与探究；突出认真与刻苦，淡化兴趣与热情。在传统教学模式中，教学以教师讲授为主，学生很少在实践活动中获取知识；教师布置的作业多为教科书上的书面习题，学生很少有观察、制作、实验、社会调查等实践性作业；学生学习的内容是已成定论的东西，学习过程成了被动接受、记忆的过程。这种建立在人的受动性和依赖性之上的学习，不仅不能促进学生终身发展，反而成为学生发展的阻力。新课程改革的一个重要内容是转变学生的学习方式，把学习建立在人的主体性、自觉性和自主性基础之上，凸显学习过程中的发现、探究、研究，使学习过程真正成为学生生动活泼的成长过程，培养学生的创新精神和实践能力，促进人的可持续发展。

2001 年 12 月，我校对教师的教学行为进行了调查，调查发现，大部分教师教学的科学性和条理性都把握得比较好，但在因材施教和启发性教学方面却比较欠缺。总的来说，是教师讲得太多，包办代替得太多，学生的能动性和创造性没有充分挖掘出来，特别是知识迁移能力差，没有解决"知识从哪里来，知识到哪里去"这样一个实践问题，死记硬背，食而不化的现象严重。这种"应试教育"违背了教育本身的规律，违背了青少年身心发展和成长的规律，使学生陷入极其狭窄的精神空间，变成了被动的应试者。

研究性学习是对传统教学的一大挑战。在很大程度上，当前的教学过程依然是课堂、教师、书本"三中心"，"灌输式"充斥课堂，师生关系基本上处于单向传输状态，缺乏问题的探究和情感的交流，导致了"教"与"学"的分离。针对这些弊端，开设研究性学习这门课程就是要促使教师从单纯传授知识的教书匠向教学活动中的"向导""顾问"角色转变，学生最终在学习过程中完成五大转变：由"被动性"向"主动性"转变；由"依赖性"向"独立性"转变；由"标准化"向"个性化"转变；由"间接性"向"体验性"转变；由"问题解决"向"问题生成"转变。

二、主要研究内容

研究性学习本身具有开放性的特点，内容涉及学生的学校生活、家庭生活和社会生活，可来源于课堂教学，也可来源于社会调查实践，研究对象广泛，富有弹性。研究范围涉及四个方面，即人与自然关系领域、人与社会关系领域、人与自我关系领域、人与文化关系领域。

1. 人与自然关系领域问题

人与自然关系领域的问题是与学生生活直接相关的自然现象或问题，如表 3 所示：

表 3

人与自然关系领域	问题举例
空气状况的调查	长沙市酸雨的危害及治理
健康与疾病调查	中学生近视眼状况的调查
垃圾污染与处理调查	长沙市固体废弃物的回收处理
能源利用调查	对环保汽车的初步探讨
生态环境调查	望月生态公园概念设计
动物与疾病研究	宠物传染病的防疫与治疗

2. 人与社会关系领域问题

人与社会关系领域的问题是围绕社会现实生活来展开的，这些研究领域对提高学生的社会责任感、公民意识具有重要意义，如表 4 所示：

表 4

人与社会关系领域	问题举例
历史问题探究	岳麓书院古建筑与文化
经济问题探究	对智力保健品市场的调查
政治问题探究	城市中学生信仰取向的调查
文化问题探究	长沙市中学生低龄化留学的利与弊
社会问题探究	长沙市少年犯犯罪心理研究

3. 人与自我关系领域问题

人与自我关系领域的问题是学生在家庭生活、社会生活和学习中亲身感受到的问题，学生通过对此类问题的研究，可以提高对自我的认识，反思自我，发展自我，如表 5 所示：

表 5

人与自我关系领域	问题举例
生活习惯调查	长沙市中学生睡眠情况调查
情感问题调查	中学生与父母情感问题调查
学习习惯调查	高××班同学对作业问题的看法及建议
学习心理调查	××学校学生学习心理压力探究
校外生活调查	关于网络游戏的利与弊及思考

4. 人与文化关系领域问题

围绕各门学术性课程进行研究，并结合学科中的具体问题进行研读，这是人与文化关系领域问题研究的一大特点，如表 6 所示：

表 6

人与文化关系领域	问题举例
数学学科问题	关于按揭贷款购房问题的研究
物理学科问题	菜刀下的力学原理
化学学科问题	果汁饮料中的维生素 C 检测
生物学科问题	校园中的植物普查
地理学科问题	长沙橘子洲的变迁
语文学科问题	四大名著中女性描述差异比较

三、教材开发

教材开发是我校研究性学习校本课程的一大亮点。最开始，我校采用的是上海科技教育出版社出版的《研究性学习指导手册》，但是通过使用一段时间，我们发现这本教材有两大缺陷：一是脱离我校学生的学习和生活背景，二是部分概念的阐述过于成人化，如"抽样调查"的定义，教材是这样讲的："抽样调查是被调查的总体中抽取一部分单位作为样本进行观察，并以这部分样本的特征值推算总体的特征值的一种方法。"学生对这种表述感到偏难偏深。因此，课题组采取了"自我积累，滚动开发"的办法，自行撰写校本课程讲义。讲义将我校学生的研究案例融入教学中，例如，讲义对"抽样调查"有这样一段表述："一课题组成员要调查市民对橘子洲新建公园的看法。在街头随机发放问卷时，却将大部分问卷发放给了在街头散步的老人，很显然，得出的结论是长沙市老年市民对橘子洲新建公园的看法，而不能代表全体市民，尤其是青少年的看法。所谓样本就是从中抽取的对总体有代表性的一部分个体。"这样的表述不仅使学生易于理解，而且亲和力强。

在学科教学中，科任老师须注意从教材中确定研究内容，实现国家课程校本化。教材中的原理、概念和规律，虽然是已知的，但是，对学生来说却是未知的，教师们把这类问题设计成再发现的探究过程，如在学习《卤素》一节时，化学老师指导学生自主设计"白纸显红字（NaOH 与酚酞）、白纸显蓝字（淀粉与碘水）"实验，设计了"滴水生烟"的实验。通过诸如此类的探究实验，锻炼了学生自主学习能力。同时，科任老师须注意从现实生活中选择与学科内容有关的问题，例如，政治老师的"走进海捷公司——国有企业股份制改造研究"，历史老师的"岳麓山近代名人考"，生物老师的"SARS 病毒研究"，物理老师的"显示器防磁研究"。

四、课题实施

1. 选题

由学生自主选题，选题的原则有两个，一是兴趣原则，二是近距离原则。选题出来以后，学生进行开题论证，重点要讲清三个问题：选题的目的是什么？这个选题有什么意义？实施过程中将有哪些有利条件和不利条件？通过开题论证，学生可以再次对选题进行筛选，并确定课题组成员和课题组长。

2. 计划

选题出来以后，课题组制订工作计划，如什么时候进行实地调查、查阅书面材料，什么时间撰写总结报告，进行成果汇报，课题组都要有一个统一安排。

3. 分工

将工作分为查资料、搞调查、做实验、写总结、成果介绍五大块，课题组成员既合作又分工，各用所长。当然，有些工作是全组成员一起上，如实地考察。

4. 指导

在课题研究过程中，教师主要充当了学生助手的角色。因为研究性学习的精髓就是学生自主学习、自主研究。指导教师侧重点是点拨、启发，许多具体的问题，都可以让学生摸索，在独立探究中自行解决。

5. 结题

学生通过研究，要独立撰写总结报告，展示研究成果。对于专家学者来说，中学生的研究成果也许是微不足道的，但是学生们收获的却超过课题本身。因为通过课题研究，学生学会了合作，学会了交往，这个成果是沉甸甸的，学生还特意在总结报告中加上了体验报告这一块。

6. 答辩

课题组推荐一位发言人，将研究成果向全班同学展示。在答辩过程中，不时有同学提问，双方辩论、交流。实际上，课题组通过答辩，反过来又重新理清了思路，收到了自我教育的作用，反映了以学生为主体进行自评、互评的主体性思想。

五、研究的主要成效

经过三年来的实践，我校在研究性学习校本课程的建设中取得了可喜成绩。

1. 学生的成长

"三差二困"现象初步改观。长期以来，教学中存在"三多三少"，即"课程多，补习多，作业考试多；休息时间少、社会实践少、创造性活动少"，导致了"三差二困"现象，即学生的"自主创造性差、发展性差、社会实践能力差"，对"学困生、德困生"关爱不够，而研究性学习校本实施创造了一种全新的教育模式，使每一名学生都能充分发挥自己的潜能，显示自己的才华，借此提高自己的自信心。例如，一名成绩不太好的学生制作了一个"伸缩式试衣架"，但是，在撰写报告时，他不知道该怎样表述，通过物理老师的指导，他知道了"滑杆"原理，并顺利地通过了答辩。一名高中学生以"对研究性学习的研究"为题，编写了一份调查问卷，对全班同学进行了调查，统计表明，60％的同学认为高中生有必要开展研究性学习，52.5％的同学是根据自己的兴趣选题的；研究性过程中遇到困难时，55％的同学选择"自己解决"，证明学生对研究性学习持积极态度。

2. 教师的发展

教师的课堂教学行为发生变化。研究性学习强调的是师生、生生间的共同交流，在交往过程中实现新知的发现。对学生，意味着个性的昭示与创造性的解放；对教师，意味着师生合作，专业成长。

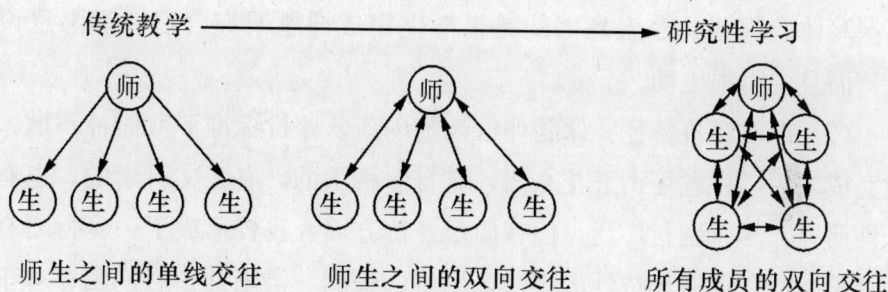

传统教学 ——————————→ 研究性学习

师生之间的单线交往　　师生之间的双向交往　　所有成员的双向交往

2001 年 12 月和 2003 年 11 月，课题组就教师的教学行为分别进行了两次问卷调查，调查表列举了 18 类 90 项教师课堂教学行为，结果如下：教师经常出现"有效组织课堂讨论"的频率，由 36％上升到 42％；教师经常"有效提问"的频率，由 42％上升到 56％；教师"有效利用课堂教学时间"的频率，由 41％上升到 66％；教师经常"激发和培养学生的学习动机"的频率，由 35％上升到 60％。在前测中，"讲授的条理性"出现的频率最高，居第一等级位，而"因材施教的适应性策略"出现的频率最低，居第十三等级位。而在后测中，"教师为理解而教、教学的启发性"教学行为由前测中的第三等级位，跃居到第一等级位；"因材施教的适应性策略"由第十三等级位上升到第八等级位；"课堂教学时间用于教学活动"由第十等级位上升到第五等级位。以上调查表明，研究性学习已经对教师的教学行为产生了潜移默化的影响。

3. 研究的特色

（1）课题管理特色：小组合作，共同提高。即小组成员之间目标趋同，角色互赖，资料互通，奖励互享。

（2）课题研究特色：课题研究分为立项报告、正式报告、体验报告三个部分。在立项报告中简要说明选题的意义和背景，小组成员的具体分工和时间安排，预期研究成果。正式报告要撰写研究的方法、内容与结论，在正式报告中必须做到论点清楚，论据确凿，鼓励探究和创新。中学生做"研究"，学习、体验才是目的。每一个学生在课堂小组中扮演了什么角色？真正学到了什么？悟到了什么？这比研究成果更为重要，因此，学生要撰写体验报告。令人高兴的是，学生完成课题研究之后，都愿意说体验，而且说得很生动。

（3）课堂评价特色：课题评价鼓励创新，评价标准形散而神不散。课堂完成之后，课题可谓五花八门，有自然科学的，有人文科学的，也有综合性研究。尽管题材广泛，但在质量评价方面，我校形成了一套行之有效的评价标准，即有创造性的想法，确凿的证据，清晰的中心问题；对于事实材料有较好的组织，与学科课程和校外生活相联系，恰当的问题解决方法，小组成员之间有效的合作。

六、课题研究反思

1. 对研究性学习主要特点的认识

（1）研究性学习以问题为切入点，以项目为载体，超越严密的学科知识体系，使学生能够融会贯通所学知识。例如，课题组要对学生智力保健品进行市场调查，调查的内容涉及消费心理学、经济学等相关学科知识，调查问卷的数据处理又需要计算机知识，以前学到的知识，在这个课题研究中得到了综合应用。

（2）以"研究"为抓手进行实践性学习活动，可以使学生的情感、态度和价值观得到更充分的发展。学生在研究性学习活动中必须自选课题、自主研究，指导教师不包办、不代替，遇到困难自己解决，从而体会到研究成果来之不易，这是课堂教学达不到的。

（3）研究性学习重视研究过程，重参与、重体验，而不是偏重研究结果。中学生研究性学习可以概括为"材料在外，答案在内；起点高，落点低；关注自然，关注社会，关注人生"三个特点。例如，有的理科类的选题应该是科技专家来做的，中学生的知识储备不够，但是，中学生通过对这些问题的研究，可以燃起他们对科学的热情，对真理的渴望。

2. 对研究性学习主要意义的认识

在学习过程中，"研究性学习"和"接受性学习"都是必要的。过去，我们过多地倚重了"接受性学习"，现在，妥善处理好"研究性学习"和"接受性学习"的关系，找回"研究性学习"在课程中的应有位置，把"研究能力"的培养作为学生学习能力的有机组成部分，是我校开展研究性学习的出发点和归属。

由于我国基础教育长期以来习惯于分科课程和"讲解式"教学，因此，为了使"研究性学习"尽快深入人心，在这次课改实验中，各学校专门设置了"研究性学习"课程。其实，"研究性学习"与各门课程之间有着内在的联系，"研究性学习"方法可以运用于各学科课程的学习之中，"研究性学习"过程中获得的直接经验可以和学科课程所获得的间接经验交互作用，打通进行。

在我校的教学实践中，处理好"研究性学习"和"接受性学习"的关系，将"研究性学习"方式渗透到学科教学之中，仍是一个难点。课程改革是一次发展机遇，抓住了这次机遇，就能够使我校的教学更上一层楼。国家、地方、学校三级课程，国家课程校本化、校本课程特色化是关键，"研究性学习"校本课程的实施，将有力推动我校的高中新课程改革，提升教学质量。

第三节

基于"原始问题"导向学习的应用与研究

◆ 基于"原始问题"的探究，主要研究学生与所处环境之间的相互作用，研究学生在与其所处环境相互作用过程中的主动性策略，内容包括"原始问题"的选择策略，研究性学习中的"非指导性教学"策略，学生作品的评价策略。

◆ 把科学知识融入科学现象之中，把习题教学固有的严格性移植到自然、真实的科学环境之中，有效更新了学生的学科学习观念，提高了学生的学习能力。

一、课题研究的背景、意义及目的

1. 研究背景

现在做习题成了中学生学习、生活的主流，即通过大量的反复"练习"，把应试技巧训练到娴熟的程度。习题教学重视程序与计算、熟练与技巧，而习题则是把科学现象和事实经过一定程度抽象后加工出来的练习作业，没有科学现象与事实作为背景，甚至完全脱离科学现象，致使很多学生只知道根据已知条件去解题，遇到实际问题却束手无策。因此，在一定意义上说，中学生创造能力的匮乏是习题教学的直接后果。"百年中国基础教育取得的最大成就之一就是知识教学的成功，最突出的经验是双基教学（基础知识、基本技能）。然而，基础教育的辉煌却无法延续到高等教育。为什么无法延续到社会各行各业？为什么学生成绩那么好却无法提升创造力？一是基础教育过于注重知识传授，以知识为唯一或几乎唯一的教学目标；二是忽略了本不该忽略的学生素养的培养；三是以课本知识代替全部知识；四是以被动接受的方式背记课本知识。"① 随着教育研究的不

---

① 石鸥. 知识本位教育——困境与对策 [N]. 湖南师范大学新闻网（news. hunnu. edu. cn），2009-11-15.

断深入，教育领域出现了一门运用生态学方法研究教育的科学——教育生态学。教育生态学强调在真实、自然情境中研究教育规律以及学生的心理活动规律，在科学教育中强调情境的真实性，使学生解决"原始问题"的认知心理及行为符合科学教育的特有价值。

2. 研究意义及目的

本课题基于"原始问题"的探究，注重研究学生与所处环境之间的相互作用，研究学生在与其所处环境相互作用过程中的主动性。"原始问题"的探讨以生态学思想为指导，把科学知识融入科学现象之中并以"原始问题"的形式呈现，把习题固有的严格性移植到自然、真实的科学环境中，揭示事物之间的因果关系。本课题旨在研究"原始问题"导向学习在不同学科中的应用模式，并提供相匹配的教学资源和评价体系，研究价值主要体现在以下几个方面：

（1）它有助于解决目前科学教育内部效度与外部效度不统一的矛盾。习题教学有较高的内部效度，但教学结果不一定能够迁移到现实中去；研究性学习虽然有较高的外部效度，但却难以保证科学教学的内部效度。"原始问题"与实际情境相似程度较高，经过抽象之后可以成为习题，具有将间接知识内化的功能，也接近教育结果所要应用的实际情况，从而将内部效度和外部效度较好地统一起来。

（2）有利于培养学生的创造能力。科学概念和规律只有在真实情境中才有生命力，才能显示出其内在的作用和功能，学生学习过的概念才能真正活起来。"原始问题"具有开放性和生成性的特点，"原始问题"的解决过程必然是探索和发现的过程，当学生遇到"原始问题"时，提出的各种猜测和假设需要通过各种活动来提供相应的证据，以求解释与判断；并需要用原理和方法进行分析，甚至反复实验，以证明其结论的正确性。通过问题的提出、假设的设立、证据的分析、结论的对比与评价，学生的直觉思维向各处延伸，与情境交互作用，原有的认知结构得到充实和更新，学生的创造性思维也因此得到培养。

二、课题研究的思路和理论依据

1. 研究思路

（1）选择"原始问题"。包括选择相关的"原始问题"，确定可用资源；以课程内容为依托，以学生经验为根基，顺应多种教学策略和风格，选定探究活动，剖析问题结构。

（2）设计研究过程。包括设立框架，初探问题，再探问题，产生成果或活动。

（3）评价研究成果。包括评价学生的思考能力、自我指导水平、合作互助能力；评价教师非直接领导学生的技能；评价问题探究后的效应。

2. 理论依据

2001年我国教育部制定了《基础教育课程改革纲要》，强调要改变课程过于注重知识传播的倾向，改变过于强调接受学习、死记硬背、机械训练的现状，要求学生积极参与实践，在"做""考查""实验""探究"等一系列活动中发现和解决问题，体验和感受生活，发展实践能力和创新能力。由于历史的原因，我国传统的习题教学往往侧重于分解、简化与抽象，忽视对科学现象的直觉认识、分析与判断。有学者提出，信息比狭义的知识更重要，兴趣比祈使更重要，质疑比聆听更重要，直觉比逻辑更重要，智慧比知识更重要，"当课程再呈现于学生面前的时候，最易让它活起来的就是它酿成的过程"。[1]

无论是有意接受式学习，还是探究发现式学习，已有的经验和知识基础对新知识的形成都是十分重要的，而教师的作用恰恰体现在搭建"起点是学生已有经验（已知）、终点是学习目标（未知）"的一座桥梁，其间，学生原有的策略性、方法性的经验、原有的认知风格等，对学生自我建构起主要作用。[2]

---

① 张楚廷. 人的教育需要人的课程来支撑［J］. 课程·教材·教法，2009（3）.

② 孔凡哲. 基本活动经验的含义、成分与课程教学价值［J］. 课程·教材·教法，2009（3）.

由思考的经验、亲身探究的经验，有可能派生出一种思维模式、思维方法。事实上，基本活动经验之中含有策略性的成分、方法模式性的成分，这些成分对于学生开展创新性活动具有十分重要的奠基作用，特别是个体已有的关于归纳的活动的经验，对于发现真理具有重要启迪作用。"后现代课程观和教学观认为知识可以通过接受学习来获得，而技能、方法、情感态度与价值观却难以靠单纯的讲授传输来形成，它们只能在有效、具体和鲜活的特定教学情境活动中，通过不断的亲身体验、内化过程而形成。"① 在现实生活中，很多问题并不具有唯一的答案，通常是开放的、多元的、有争议的。而课题探究正具有这种开放性的特点，给了学生更大的思考空间和更广的探究性途径，有利于激发学生的学习兴趣和创新思维。

三、课题假设和课题概念的界定

（1）从学习顺序上说，"原始问题"是学生未曾做过预先研究而初次遇到的问题。

（2）问题的情境尽量与现实中的一致。

（3）学生探究问题时根据其学习程度，自己展开推理，应用知识，并将此作为个体化学习的指南。

（4）学生探讨"原始问题"中的学习所得融入自己原有的知识和技能之中，创新思维能力提高。

四、研究的主要方法及研究过程

1. 研究的主要方法

（1）案例分析法。广泛收集各学科有关"原始问题"导向学习的案例，对其表现出来的现象与过程进行全面分析，提示其特征，总结

---

① 陆真，沈婷，钱海滨. 从点缀到主角——新世纪科学教育中 STSE 的课程形式与功能演进［J］. 课程·教材·教法，2009（3）.

其规律。

（2）行动研究法。本课题立足于行动研究，针对研究过程中的缺陷和不足提出具体的改进办法，在研究中注重实践性、参与性、合作性，注意及时评价与反思，以取得有价值的第一手资料，从而上升到理论成果。

（3）文献研究法。收集与本课题相关的信息，了解习题教学和研究性学习的优势和不足，选准切入点，使本课题的研究成果更符合新课改精神，更能促进学生创造性思维的发展。

2. 研究过程

课题研究采取"点、面"结合的办法，分三个阶段进行：

第一阶段："面"上的动员与研究方法指导。2008 年 9 月至 2009 年 1 月，在高二年级（2007 级）开设兴趣型课程，共有 30 余名学生选修了研究性学习兴趣课程，到岳麓山、长沙市名人故居进行了考察，应用了野外考察和论文撰写的一般方法。

第二阶段："点"上项目研究与具体实施指导。2009 年 1 月至 2010 年 10 月为实验研究阶段，主要结合学科教学、学校组织的综合实践活动，分学科组织课题研究、成果交流等活动，并参加学校组织的学分评定，湖南省、中国科协组织的青少年科技创新大赛。

第三阶段：后期总结阶段。2010 年 11 月至 2010 年 12 月主要工作为总结研究成果，准备结题验收。

五、研究的主要内容

1. "原始问题"选择策略研究

（1）从身边面临的突出问题中寻找突破点

在具体情境中产生的问题，是真实而鲜活的问题，它有别于教师闭门造车杜撰出来的"伪问题"。情境由于具有现实感，还易于激发学生强烈的学习兴趣。学生在发展过程中面临许多实际问题，有时候身边的一个突出问题会长期困扰学生，但一旦取得突破就能走出低谷，会获得"山重水复疑无路，柳暗花明又一村"的效果。例如，为解决湘江水质油污染这一具有地域性的问题，学生希望探究长沙的自然环境中的微生物降解泔水油的真实可能性。根据高中生物课本选修1《生物技术实践》中微生物发酵的原理，采用自然发酵的豆腐毛霉，取花园腐殖土中的混合菌来与之进行比较，检测其微生物降解泔水油的净化能力，为治理湘江水质油污染探索方便有效的思路和方法。从实验数据中可以看出，野生混合菌种具有较强的降解油脂的能力，使得水体具有一定的抗污染自我净化的功能，但如果河床或者水渠完全用水泥硬化，会导致土壤中野生菌种不能大量与水体接触，从而降低水体生态的自我净化功能。因此，学生建议政府部门在进行河床和水渠的硬化改造时，要保留部分土质原生河床，以保护水体生态环境。

图3—1　豆腐毛霉　　　　　　　图3—2　腐殖土

（2）从中学课程体系中寻找支撑点

在学生的学习过程中，以听和读为主要形式的学习活动效果并不十分理想，其主要原因就在于理论学习与实践行动的脱节。解决这一弊端的重要策略，就是在学科学习的启迪下形成实践探索的项目，以此寻求转化。在学科课程理论指导下，比较容易构建起系统的、有深度的活动体系，有效提高学习的质量。例如，在学校组织开展的生物科技实践活动中，学生在生物老师的指导下，对一个两代人中有10名小腿肌肉萎缩症患者的家系进行了调查，绘制了遗传家系图，并根据所学的单基因遗传病的遗传规律，对家系进行了遗传分析。通过一系列的实验，最终确定该家系的遗传方式。学生在此课题研究中，所应用的相关知识以及实验原理和方法，如遗传方式的判断、DNA 的提取、PCR 聚丙烯酰胺凝胶电泳、基因检测等，均来自高中生物教材，如必修 2《遗传与进化》、选修 1《生物技术实践》。课本中枯燥的生物知识在课题中得到了应用和延伸，学生的能力得到了充分发挥。

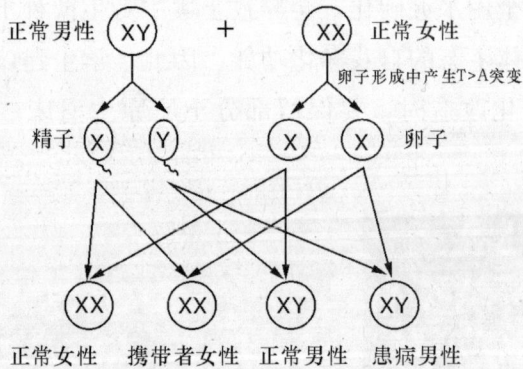

图 3—3 遗传家系

（3）从已有的成功经验中寻找生长点

从易到难，在有基础的地方先下手，这是学生进行探究性学习的一个重要策略，由此展开的深入研究不容易走弯路，有助于形成特色。由成功经验生长出的课题，其实践和研究的基础较好，容易展开。例如，高二年级一位学生从小在岳麓山下长大，对岳麓山的情况比较熟悉，2008 年 1 月对岳王亭、岳王庙一带进行了考察，

图 3—4 岳麓山风景

并拍摄了岳麓山雪景；9 月在爱晚亭、清风峡一带对岳麓山的地形地貌进行了考察，10 月又在岳麓山索道一带考察岳麓山的植被。通过多次考察他充分认识到岳麓山地理环境的优越性，特别是丰富的植物资源，这些都是岳麓山乃至长沙市环境良好的见证。他在平时学习高中地理时，已经了解

到怎样从地形、气候、植被等方面描述一个地区的地理环境特征，因此，结合对岳麓山的地理考察活动，他很快拟就了一个课题——《岳麓山地理考察报告》。

（4）从学科发展的大趋势中寻找挂钩点

从科学发展的大趋势中寻找挂钩点所形成的研究项目，往往比一般项目更具有前瞻性，这样的项目起点高，对学生的发展具有积极的导向作用。例如，长沙市正在大搞市政建设，在马路上，我们经常可以看到一辆辆货车急驰而过，吐出浓浓的尾气。汽车尾气中包括 CO_2 和微粒等有害物质，给环境造成了严重污染。据统计，汽车排气污染已占大气污染源的 75% 左

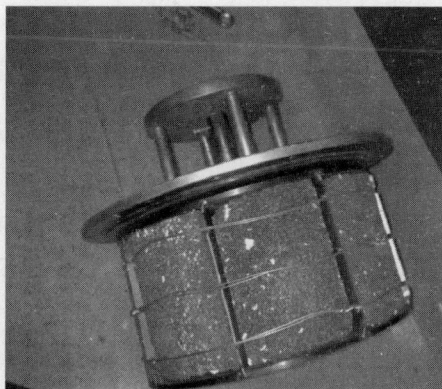

图 3—5　微粒捕集器

右，因此，汽车尾气的净化已成为环境污染防治中的重中之重。学生查找了相关资料，对常用的汽车尾气微粒捕集器的结构和功能有了一定的认识，并得知现有的微粒捕集器还存在一些问题，如，过滤体难以循环再利用，使用和维修成本较高，过滤体进行加热能耗高。因此，他们商量后设计了一种新型的单元化过滤体柴油车微粒捕集器，工作原理是只对某一块过滤体进行加热，其他的过滤体块继续工作。如果其中一块过滤体坏了的话，只要更换坏掉的一块就行了，很好地解决了现有微粒捕集器如果坏了便要全部更换的问题，并且也能很好地提高净化效率。

（5）从实处中求新意

在探究活动中发现和解决问题，体验和感受生活，有利于发展实践能力和创新能力。湖南师大附中是湖南省的四大名校之一，吸引了湖南各地的莘莘学子，学生因为离家远，于是选择住在学校或是在学校周围租房子住。有学生成立了一个课题组，对此进行研究，发现租房位置不同，价格也不等：到学校需要 10 分钟到 20 分钟的，房租大约在 1000～1500 元不

等，距离越近，房租越高；距离学校只需 2～5 分钟路程的，其房租不低于 2000 元。课题组成员建议对自觉性较高，有大人陪伴的同学选择校外10～20 分钟路程的房子，房租也相对便宜；而对自觉性不是很高，也没有大人陪伴的同学，他们建议选择校内的房子，因为校园里有保安，相对更安全，也不会有校外网吧、台球室的诱惑。课题组成员撰写了一份报告《关于师大附中租房现象及周边的房租与距离的关系》。该文通过对师大附中租房现象进行综合调研，总结出租房的三点原因，得出了两个结论，并提出了三个建议。通过这一研究，培养了学生的探究思维能力。

表 7　房租价格与距离统计

位置	价格	面积/米²	周边	路程
校内	20000/年	100	学校	2～5 分钟
校内	15000/年	100	学校	2～5 分钟
校内	1500/月	100	学校	2～5 分钟
校外	1500/月	100	超市，报刊亭	5～15 分钟

（6）从比较中求最佳

目前，学生在选题时主要有以下问题：①大而不当。如"长沙公路考察"，是考察长沙城区的公路，还是考察长沙及周边的普通公路，范围太大，第一手材料的获得很不容易。②华而不实。如"天心阁古城墙与长沙古城研究"，长沙古城研究包括政治、经济、文化方方面面，天心阁古城墙不能完全折射出长沙古城的历史，从古城墙切入要有独特的视角和翔实的材料，否则，"小曲好唱口难开"。③核心问题不明确。如"蔡和森故居研究"，到底是研究故居的建筑风格，还是故居的文物，或是故居的往事，问题界限模糊。

一个好的选题应该富有创意，富有新颖性，特点如下：①触摸自然，感受社会，体验生活；②链接知识，能力延伸，思维发展。选题程序：目标定向→发现求异→比较认同→发现深究。选题的原则：具有探索性，应避免不必要的重复；难度要适当，量力而行；扬长避短，紧密结合本地区的特点；尽量选择与本地社会发展和经济建设紧密结合的项目。

2. 原始问题"非指导性教学"研究

"非指导性"源于美国最著名的人本主义心理学家和教育家卡尔·罗杰斯的"非指导性咨询",罗杰斯认为,传统教学是以教师为中心的、灌输的、有指导性的教学,学生经常受到教师的督促、检查,对失败怀有极大的恐惧感。在他看来,学生是一个知情合一的人,学生渴望用自己的情感和认知方式行事,教学就是要提供一种令人愉快的环境气氛。"非指导性教学"模式一反传统教学的基本思路,把教学的重心定在学生的学习活动上,把教学过程的性质规定为学生内在经验的形成与生长,突出了学生在教学过程中的主体地位。同时,它突出了传统教育所忽视的情感作用和价值观等重要问题。

(1)给予学生以学习的自由权,大胆选用能够向学生提出智力挑战的"问题"。

2009年,课题组指导的高二年级一位学生从洗衣原理出发,在分析了家用洗衣水污物浓度与用水量、洗衣粉加入量、脱水后衣服含水量之间的数量关系后,用初等数学方法建立了一个洗衣机节水数学模型。模型的优点在于简洁且求解很方便,特点是只用初等数学知识。通过求解模型得出了四个结论,利用模型结论测算了当洗衣量一定时,加入不同洗衣粉量时的最小用水量。据此,对洗衣机厂家提出了改进洗衣机设计的建议,对洗衣机用户提出了改进洗涤方式的建议。该作品荣获第九届"明天小小科学家"全国青少年科技创新大赛三等奖。

表 8　洗衣机用水量统计

编号	洗前衣服质量/克	脱水后衣服质量/克	晾干后衣服质量/克	脱水后衣服含水量/晾干后衣服重
1	240	325	225	0.444444
2	170	260	160	0.625000
3	500	825	500	0.650000
4	410	675	425	0.588235

续表2：

编号	洗前衣服质量/克	脱水后衣服质量/克	晾干后衣服质量/克	脱水后衣服含水量/晾干后衣服重
5	280	475	280	0.696429
6	280	470	280	0.678571
7	250	460	270	0.703704
8	225	335	225	0.488889
9	225	330	220	0.500000
10	220	280	170	0.647059
11	150	220	130	0.692308
12	120	175	110	0.590909
13	50	75	50	0.500000

2010年，高二年级一位学生在进行数学模型研究时，自学了数学建模和空调的一些基本原理。后来，他提出要研究《导弹拦截模型的研究及应用》，老师告诉他如果缺乏足够的背景知识，答辩时容易出错，到时候需要恶补，效果也未必好，课题要小、从身边开始，要把问题讲透，而且评委喜欢善于观察、思考的学生。他却在给老师的邮件中说："这个课题就是我自己想的，我对它很感兴趣，可能不一定会得奖，但我觉得只要努力去做，不留遗憾就行了。"6月，作品寄去"明天小小科学家"青少年科技创新大赛组委会后，他在给老师的邮件中说："还有一部分更有实用价值的东西没来得及做出来，我准备暑假继续研究！"按照罗杰斯的观点，学生可能学不到许多科学的"事实"，但他们会形成一种"科学是永无止境"的探究精神，并认识到在任何真正科学里都没有封闭性的结论，这是在习题教学中不可能得到的收获。

从对这两个作品的指导过程来看，把"非指导性教学"这一理论运用于研究性学习活动中的前提条件是以学习者为中心，给予学生自主权和学习的自由权；教师应激发学生学习的兴趣，引起学生情感上的共鸣，让学生自由选题，确定他们的研究方向，独立去探索问题、思考和解决问题。同时，适当在"非指导性"中"有所指导"，即教师不应把时间用在组织教案和讲解上，而应用在为学生提供学习所需要的各种资源上，把精力集中在简化学生在利用资源时必须经历的实际步骤上，提供各种各样的"学习资源"，包括学习经验和各种参考资料、社会实践活动的理论等。无论是学习内容的选择，还是学习方式以及活动后的评价，都让学生唱主角，让学生由原来被动的知识接受者变成能动的创新者，由原来的被塑造者变为自我塑造者。

（2）教师有效指导的重点是"问题"的价值与解决"问题"的构造。

研究性学习是一种开放性探索，让学生唱主角，自主地提出或自主选择活动的主题，但是，教师要重视学生自我反思能力和研究方法的培养，2010 年有一位学生在她的家乡湘阴横岭湖麋鹿自然保护区进行了调查，撰写了一份调查报告。应该说，这是一个非常好的选题。她在谈到选题背景时说："麋鹿别名'四不像'，到 1900 年麋鹿在国内完全灭绝。1987 年 8月，英国伦敦动物园无偿提供了 39 头麋鹿，经我国技术人员的精心护养和科学管理，已在湖北安家。2009 年 1 月我的家乡湘阴县首次发现野生麋鹿群，我决定着手考察湘阴县横岭湖湿地。"在考察中，该学生发现横岭湖自然保护区麋鹿的活动区域基本可分为 3 种主要类型：①无植被的光泥滩：该区域较开阔空旷，便于麋鹿的迁徙。②株高 10～25 cm 的苔草地：因麋鹿为草食动物，喜食多种禾草、苔草及鲜嫩树叶，故该区域为其经常性的活动地域。③苔草与芦苇的过渡地带：该区域水草丰茂，为麋鹿提供了优良的天然庇护所，是麋鹿经常性的静休和繁殖之地。这一部分应该是作品的亮点，但是，该学生并没有意识到这一点，而是用很大的篇幅罗列了当地的植物、鸟类、鱼类的名称，也没有把麋鹿活动的证据作为调查重点昭示出来，使作品逊色不少。

图3—6　麋鹿遗角

图3—7　水果电池

2010年10月，高二有一位同学在课堂上学习了原电池知识之后，通过对其原理进行认真的分析，利用日常生活中积累的知识、查阅资料等，认为水果中有电解质溶液，只要有合适的电极，就将形成原电池。她通过实验，证明了水果电池的合理性。但是她并没有停留在实验本身，而是产生了进一步研究的想法——寻求合适的条件，将水果电池的强度增大。早在19世纪，意大利化学家伏打，将铜、锌插入氯化钠溶液，制成了最简单的化学电池。如今，化学电池是我们生活中的一部分，它将化学能转化为电能，给我们的生活带来了许多方便，但废弃电池容易造成污染，而水果电池其电解质取自植物，易于制作，无污染。她认为如果能将水果电池的强度增大，能为我们日常生活所用，那将是一件非常实用的创举。在老师的指导下，通过实验，新的课题自然生成，这对她来说，既巩固了所学知识，又提高了自己对这方面知识的探索激情。这样就使得学习的趣味性进一步增强，有利于思维能力的提高。

从这两个案例可以看出，前者注意到了"问题"的提出与开发"问题"的价值，但是忽略了解决"问题"的构造。后者教师采取了有效指导，起到了穿针引线的作用。学生是探究活动的中心人物，教师扮演的角色不再是发号施令的人，而是学习活动的咨询者和合作者。在指导过程中，教师不能只关注结果，还应关注"问题"的提出与构造，开发问题的价值。教师咨询的有效性以及让学生自主发现真正的问题答案，这是"非指导性教学"的核心所在。

（3）还原思维的真实（而非历史的真实），培养学生"原始创新"的意识和能力。

任何学科的发展，其动力均源于社会发展的需要和学科自身发展的需要，在引导学生关注社会现实问题的同时，我们也要引导学生关注那些学科上最"原始"的问题，通过对学科"原始问题"的关注，让学生从学科思想中汲取精神的动力。

例如，泔水油对人体的危害极大，那么该如何指导学生知道哪些是泔水油，哪些不是泔水油呢？泔水油是用剩饭剩菜等餐厨垃圾加工处理而成的油脂，那么泔水油中必然会有一些残余的调味品，如食盐等。高一年级刚刚在高中化学教材"必修 1 第一章第一节"中学习了萃取的原理和操作，虽然氯化钠在油中的溶解度不大，但是可以用萃取的方法，将溶解在油中的食盐转移到水中而富集，用检验水中是否存在氯化钠的方法来快速检验泔水油。实验发现从泔水油中分液出来的水中滴加硝酸银后产生白色沉淀，而从纯花生油中分液出来的水中滴加硝酸银后无明显白色沉淀现象。化学教材中滴加硝酸银实验赋予了生活的意义，使学生兴致盎然。

图 3—8　滴加硝酸银后沉淀比较

3. 探究"原始问题"作品的有效评价研究

一般来说，学生在学习过程中的纸笔测验试题具有确定的条件、方法和答案，而探究性学习报告通常没有确定的条件、方法和答案。由于条件、方法与结果的不确定性，因此探究性学习报告呈现出多种多样的形式，如条件的开放性、过程的开放性、结论的开放性。如果说纸笔测验试题在考查学生思维的严谨性、目标的客观性、方式的规范性上独具优势的话，那么探究性学习报告则在考查学生思维的灵活性、创造性上更为突出。如果对学生的作品诸如基础知识、应用意识和应用能力、表达能力等方面进行水平划分，并赋予不同的等级分数，那么学生对问题的回答的质量就可以被量化。

（1）SOLO分类评价法是一种以等级描述为基本特征的质性评价方法，将学生学习的结果按SOLO由低到高分为五个不同的层次：前结构、单点结构、多点结构、关联结构、拓展抽象结构等。这五种结构的基本含义如下：前结构，即没有形成对问题的理解，回答问题逻辑混乱，或同义反复；单点结构，即回答问题时，只能联系单一事件，找到一个线索就立即跳到结论上去；多点结构，即回答问题时，能联系多个孤立事件，但未形成相关问题的知识网络；关联结构，即回答问题时，能够将多个事件联系起来；拓展抽象结构，即回答问题时，能够进行抽象概括，结论具有开放性，使得问题本身的意义得到拓展。

（2）等级描述型的SOLO分类法案例分析。

前结构层次案例："关于枫叶为什么变红的研究"。

2008年秋天，学生在游完岳麓山后，特意上网查找了很多的相关资料，得知枫叶中含有花青素这种特殊的物质。秋天，随着气温的降低、空气湿度的减少、光照的减弱，植物中的叶绿素、叶黄素、胡萝卜素的含量逐渐减少，而花青素却"如鱼得水"迅猛增多。枫树等少数植物，叶子中的细胞液是酸性的，花青素与酸性细胞液发生化学反应，遇酸变红。为什么今年岳麓山的枫叶比以往都红得早？学生经过探讨发现，入秋以

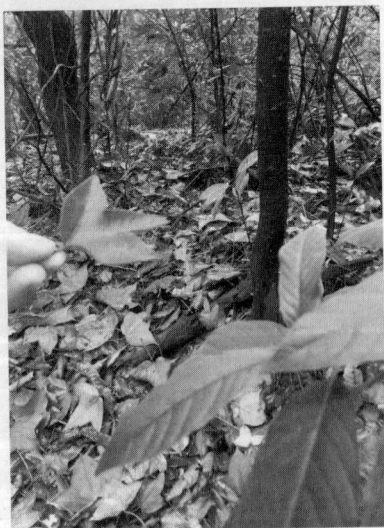

图3—9 观察枫叶颜色

来，长沙天气一直比较晴朗，昼夜温差非常大。由于夜间气温较低，树叶内的叶绿体不能正常合成，而叶红素仍在聚集，使树叶呈红色，再者由于光照充足，有利于树叶中的红色素形成。岳麓山红叶为啥没以前红？学生认为是气候变暖，空气质量变差，如空气中雾霾的增加、酸雨的频率增大等原因。

【点评】该作品已经说明了枫叶为什么会变红的原因，但是资料来源于网上，缺乏严密的探究和论证。没有形成对中心问题的理解。文章逻辑混乱，属于前结构层次，等级为 E。

单点结构案例："关于师大附中租房现象及周边的房租与距离的关系"

课题组学生调查了师大附中周边的租房信息并制表加以比较，发现出租房距学校的路程越远，房租费越低。随后，他们又调查了出租房的环境。他们看到出租房的环境并不是很好，但设备还是比较齐全。对此，学生认为原因是租房的同学大多都在学校上晚自习，所以租房子的学习环境就不那么重要了，只是起到中午和晚上休息的作用。最后，课题组得出三个结论：①外地学生，父母为子女租房，并请人或让爷爷奶奶照顾。②本地学生，家里离学校较远，为了节约时间，学生在学校附近租房，周末回家。③本地学生，不愿父母接送，愿意自己在学校附近租房，培养独立生活的能力。

图 3—10　租房中介信息

【点评】该作品调查了房租价格与位置、面积、周边环境、距学校远近的关系，但是仅仅联系这些事实，就立即得出学生租房的主观原因，论点和论据不统一，属于单点结构。如果在分析租房费用与学校距离的关系时，可以运用需求与供给的关系，运用价格围绕价值上下波动的规律进行深入的分析，则效果更好。等级为 D。

多点结构案例："以蔡和森故居为典型的湖南民居调查研究"

课题组学生首先调查了蔡和森故居。蔡和森故居位于湘江西岸，屋体的构架采用"三间四架""五柱八棋"的形式。房梁顶由门前的柱子撑起，柱子地基用于防潮防腐。房屋的空间高大通敞，便于通风驱湿。屋顶青瓦呈倾斜状，利于排水。民居坐北朝南，注重室内采光；以木梁承重，以砖、石、土砌护墙；以堂屋为中心，以雕刻技术来装饰房梁、柱子、屋顶及檐长口见长。然后，课题组又调查了李富春故居。李富春故居始建于清末，结构为砖木三层楼房，小青瓦双坡屋面。这里的阁楼建筑平面为前后两个一明两暗的三间组成，右为内院，植以花木，房屋空间高，设有阁楼，建筑选型均衡，青瓦粉墙。两个故居都是以土木建房为主，都是坐北朝南，注重室内采光，以木梁承重，以砖、石、土砌护墙。

图 3—11　蔡和森故居　　　图 3—12　李富春故居

由此，学生得出研究成果：湖南民居具有造型均衡简洁，色调素净明雅的特点。湖南民居比较高大，空间高大通敞，房顶覆青瓦，多为木造和石造，适应环境，给人留下质朴纯洁的印象。

【点评】该作品调查了蔡和森故居和李富春故居，以及其他旧居。能联系多个民居的特点，论证了民居与地形、气候、民俗等的关系，但缺乏比较、归纳，没有形成网络结构，具有多点结构的雏形，等级为 C。

关联结构案例："湘阴横岭湖麋鹿自然保护区生态环境调查与保护对

策探讨"

高二年级一位学生是湘阴县人,她得知家乡发现麋鹿活动痕迹后,利用假期对横岭湖自然保护区进行了调查。根据林业局提供的资料和实地观测,她将麋鹿的活动区域分为四类:①无植被的光泥滩,便于麋鹿的迁徙。②有少量苔草的河滩泥地,麋鹿饮水区与主要觅食区的过渡地带。③株高 10～25 cm 的苔草地,麋鹿主要觅食区域。④苔草与芦苇的过渡地带,休息与隐蔽区域。虽然她在四次实地调查中都没有直接观测到麋鹿,但在芦苇滩地带发现了少量的麋鹿活动痕迹,主要有蹄迹、粪便、鹿群走道等。

同时,该学生发现夏季是洞庭湖的丰水季节,麋鹿在洞庭湖的栖息地全部被淹,鹿群进入大堤内,在农田、果园等处栖息,与垸内居民发生冲突。据此,她向有关部门提出了两点建议:

①加大宣传力度,提高群众对麋鹿的保护意识。

②当地政府尽快出台经济补偿措施,补偿受害农民因为保护麋鹿而导致的农作物损失或其他经济损失。

图 3—13 观察麋鹿活动痕迹

【点评】该作品从少量的麋鹿活动痕迹入手,如蹄迹、粪便、鹿群走道等,找出麋鹿的活动区域,探究了湘阴横岭湖麋鹿自然保护区的生态环境,并在此基础上,向有关部门提出了一些合理建议。在研究问题时,能够将多个事件联系起来，具有关联结构，等级为 B。

拓展抽象结构案例："走进中南传动机械厂"

2009 年暑假，高二年级部分学生赴望城县中南传动机械厂考察，目的是了解企业生产活动，学习有关传动机械的技术，参加一些力所能及的生产劳动。事后，每一位同学都写了一份心得体会，但是，这并不能反映出学工的全过程。为此，我们组织了一批学生，按考察的顺序分别撰写考察报告，主要有：一车间——组装零件的过程；四车间——成品齿轮裂纹的检测；七车间——民用齿轮的生产；八车间——零件的打磨；车间检测室——对成品的检测；十车间——数控机床的使用；人力资源部、结算中心、党委宣传部等部门——企业管理经验的考察。最后，学生总结了考察成果：

①了解到先进的企业文化，如"6S"管理方法。

②获得了丰富的情感体验。

③学到了简单的工艺技术，提高了动手能力。

④提高了探究问题的兴趣。

⑤学会了收集整理信息。

⑥学会了撰写考察报告。

学生还对考察活动之感悟和体验进行了调查，并以图表的方式进行概括和总结。如在"你在活动中学到了什么？"一问中，32％的同学回答"学会直面生活的艰苦"，22％的同学回答"学会做事精益求精"；在"你对这次活动的评价"一问中，有 51％的同学认为"非常好，这次活动让我感受到了工作的乐趣与艰辛"。许多同学提出中南传动的企业文化也对他们产生了不小的影响。如：将"6S"管理模式应用到学习与生活中来，可以提高学习效率；将"激励机制"应用到与人交往上来，可以让自己变得更加懂得赞赏、欣赏他人等。

实践给了学生精神钙片，丰富了学生的精神世界。体验报告是考察活动的升华，"体验"是基础，"了解社会"是精髓，"爱劳动、尊重劳动价值"是灵魂。

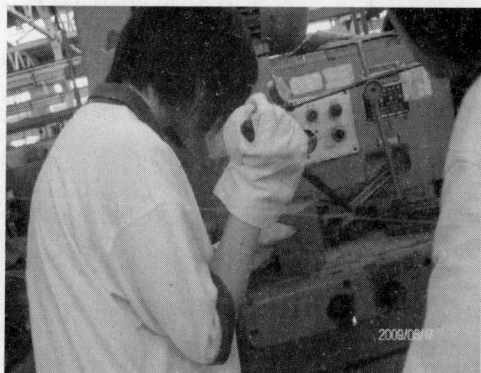

图 3—14　车间操作实习

【点评】该作品主题明确，资料翔实，结构合理，层次清楚，语言流畅，是一篇比较成功的中学生实践考察报告。报告总结了同学们在机械厂所获得的生活体验、情感体验以及对简单技术的学习，还比较清楚地介绍了一些技术流程。对这些材料的概括显然提高了同学们的抽象概括能力，同时，结论具有开放性，使得问题本身的意义得到拓展。该作品属于拓展抽象结构，等级为 A。

六、课题的研究成果

1. 有效改变了学生的学科学习观念和学习能力

因为"原始问题"探究的开放性、实践性，突破了课堂学习的局限性、书本教材的束缚性，极大地刺激了学生的探索欲望，开阔了学生的视野，更新了学生的学科学习观念，提高了学生的学习能力，培养了学生的创新精神和创造能力，使得学生的综合素质得到有效提高。例如，高二年级一位学生研究"逐次调控逼近制导法"，虽然在 2010 年未能进入"明天小小科学家"决赛，但是他对相关的数学三角函数问题有了更深刻的理解，而且学习兴趣更浓了。2009 年参加全国青少年科技创新大赛和"明天小小科学家"比赛的三位学生，在 2010 年的大学自主招生考试中都选报了和参赛项目相关的专业，其中包括会计、医学、化学专业，并且都被全国重点大学录取。2010 年高一年级一位学生利用学过的萃取的原理来区分食用油和泔水油，之后完成了一篇很有特色的小论文，她在文章的最后深有体会地说，生活中处处充满了化学，而化学也因此丰富多彩，生活中不是缺少美，而是缺少发现美的眼睛；当你用发现的眼光看待生活，生活中处处皆学问；化学与生活是息息相关的，我们可以利用课堂上学习过的知识来解决生活中的问题。另一位学生在谈到自己参加"明天小小科学家"活动的体会时说，参加"明天小小科学家"活动可以拓宽科研、学术视野，在活动中，选手们可以接触到同类的研究项目，也可以接触到不同类的研究项目，无论是深度还是广度都将得到极大的扩充，同时还将有机会结交到志同道合的朋友，全面提高了综合素质。

目前，已有27位学生获得学校选修课学分，6位学生获湖南省青少年科技创新大赛二等奖，1位学生在湖南省首届中小学研究性学习活动成果评选活动中获一等奖，1位学生获"明天小小科学家"三等奖，3位学生获全国青少年科技创新大赛一等奖。

2. 教师初步形成了校本课程建设理念

学校多年来倡导"以人为本，承认差异，发展个性，着眼未来"的教育理念。我们在开设"研究性学习"课程，实行"问题探究活动"的基础上，进一步深化了我们对校本课程建设的认识，明确了"积极开发独具特色的学校课程"的研究思路。并撰写了相关论文：《论大学自主招生考试对中学新课程的积极导向作用》《研究性学习中的"问题"选择策略》《"非指导性教学"在研究性学习中的应用》《基于 SOLO 分类法，有效评价研究性学习作品》。同时，一批青年教师通过课题研究，进一步掌握了中学探究性学习的方法与思路，明白了中学探究性学习报告有别于大学科研论文，其基本特点和规律包括以下几个方面：

（1）实践性。在辅导教师的指导下，学生综合利用"调查""考察""实验""探究""设计""操作""制作""服务"等研究方法，在研究过程中积累一定的经验，获得了独特的情感体验，还有活动反思。

（2）探究性。学生能敏锐地发现问题，研究过程体现"发现问题、确定主题→活动策划、制定方案→围绕问题、实施研究→总结反思、交流评价"的路径，且围绕问题开展研究并获得结论。

（3）科学性。学生能规范地运用调查研究与访问、实验研究与观察、技术设计与制作、社会参与服务、信息收集与处理等多种实践活动的方式开展研究活动，研究方法运用恰当，研究报告格式规范，能体现不同类型主题研究活动的特点。

（4）自主性。学生能根据自己的经验、兴趣和爱好，自主发现和提出研究选题；研究结果通过自己的观察、考察、实验等研究手段获得；自主撰写完成研究报告。

（5）综合性。研究活动的主题内容是对人与自我、人与社会、人与自然等方面的问题，必须予以整体关注，并且综合运用学科知识和多种研究方式，通过多元的研究手段解决问题。

（6）生成性。发挥学生自主建构和动态生成的作用，探究活动产生于对生活中现象的观察、问题的分析，随着探究活动的不断深入，认识和体验的不断丰富和深化，新的活动主题和概念不断生成。

七、课题的特色与创新之处

1. 课题的特色

本课题本着教、研、学相互促进、相互转化的思路，以校本教研为载体，以开发学生的潜能和创造力为目标，在实践中探讨和提高，在方法论上具有推广价值。

2. 课题的创新之处

"原始问题"导向学习把科学知识融入科学现象之中，把习题教学固有的严格性移植到自然、真实的科学环境之中，并在其中揭示事物的因果关系。"原始问题"导向学习既不同于习题教学强调推导、演算而忽视学生能力培养的特点，又不同于研究性学习为探究而牺牲知识传授效率的特点。它强调给定的情境虽然是原始的，但问题本身又是严格的。教育的内部效度和外部效度相互统一。

八、问题与讨论

把"问题情境"的创设指向科学基本原理,指向科学中的"原始问题",是"非指导性教学"的出发点和归属,但是,在实施过程中出现的一些问题也不容忽视。

1. 需要跨学科知识的"问题"较少

教师自身跨学科教学的能力弱,对涉及跨数学、物理、化学、生物、地理等学科知识的"问题"心存畏惧,难以发挥研究性学习的辐射和聚合功能。

2. "开放性问题"难得一见

把"问题"错误地定位为"现实背景+学科应用",混淆了"问题"与"习题"、"问题解决"与"解常规题"的区别,把"问题解决"仅仅理解为"习题"的变换和求解。那种只给情境,让学生自己去发现隐含其间的科学模型并进行求解的问题凤毛麟角。

3. 陈述性知识关注有余,策略性知识关注不足

科学思想方法都具有极高的哲学价值,关于方法的知识是最重要的知识。通过"教""学""研",学生形成正确的世界观,掌握科学的创造方法。也就是说,我们在关注陈述性知识的同时,应当以更大的热情去关注那些策略性知识。如此,学生所学到的知识才是完整的。应该将现实生活中的事象引入课堂,激发兴趣,引导学生学会观察,学会提出问题,学会设计调研方案,学会与他人共享研究成果。

4. 由学生选择课题进行研究,教师应该以非指导性应答为基础,对学生在学习中的表现和发表的见解表示理解

这样才能使学生全身心投入,使学生的自信心、独立性、创造性得到完善,这种教学模式突出了教学活动中学生的情感和价值观的作用。但这种教学模式必然会忽视课程内容对学生的影响,这对教学是不利的,因此,要注意以问题为切入点启动课程,伸缩有度。

第四节

地理核心素养——地理实践力校本行动研究

◆ 地理实践力是高中地理核心素养之一，开设地理实践课，服务于国家与社会的价值导向，成就每一位学生，无疑是高中地理教育的特色转型之路。

◆ 要借助地理实践活动，构建以"活动—经验"为核心的地理校本课程体系，使学生在"做中学"。地理实践活动校本行动研究是地理实践课的有效载体，通过参与地理校本实践活动，学生能够达成实践能力、实践品质两大发展目标。

高中地理核心素养包括"人地协调观、综合思维、区域认知、地理实践力"四个方面，以地理核心素养为抓手深化地理教学改革，是今后地理教育的重要命题，其中的关键，就是地理核心素养如何落地。地理实践力是指人们在地理户外考察、社会调查、模拟实验等地理实践活动中所具备的行动能力和品质。具体表现为：能够独立或合作设计地理实践活动的方案和计划；能够根据不同地理实践活动设定目标，选择并运用适当的地理工具和材料；能够收集和处理各种地理信息，发现问题、解决问题，具备科学精神。

一、问题的提出

在中国知网（CNKI）数据库检索系统中，收集了从 2015 年至 2016 年有关地理教学的论文，总计 10868 篇，但是，有关地理实践活动的论文仅占 10％左右，而且其内容主要集中在制作简易学具、绘制简易版图和现场演示实验三个方面。可见，目前国内学者对地理实践活动研究甚少。其主要原因是"在地理教学中常有一些'不着地'的现象：把学生关在教室或校园里学地理，地理实践活动特别是野外实践活动缺失；以传授地理知识为目的，忽视地理知识的来源和生活意义；以讲授为主的教学方式仍然占主导地位，探究学习得不到足够的重视；以应试为目标，地理教学脱离学生的生活经验；奉教科书为圭臬，把地理知识当成放之四海而皆准的真理。这种现象，忽略了学生素养的培养，阻碍了高中地理课程标准提出的课程理念和课程目标的实现"。① 正因为如此，有关地理实践活动的研究出现了严重的失衡现象，数量失衡、内容失衡，与高中地理新课程的要求相去甚远。

实际上，地理学习不能都在课堂上进行理想模拟、情景假设，而是需要一种体验式的学习方法，即地理实践活动，这既解决了地理知识的实践性需求，又利于学生思维能力的培养。学生把地理知识融入地理现象之中，具有将间接知识内化的功能。只有真正身处大自然，呼吸着带有草木芳香气息的空气时，学生才能够发现地理不仅仅是教科书上的图文并茂、理论依据，更是身体力行，在生活中无处不在。学生学习地理的目的不是为了高考，而是为了将有意义的学习经历迁移到今后的生活中，从而提升生活的价值。要借助地理实践活动，构建"活动—经验"为核心的地理校本课程体系，使学生在"做中学"。在实践活动过程中，要充分调动学生的积极性，关注学生观察、发现、质疑、探究问题的表现，而不仅仅是考试分数。

二、地理实践力校本行动研究目标

学生的实践能力"是以奠基性、活动性、创造性、社会性、外显性和发展性为其根本特征的。其中，前五者又与一般实践能力的特征相同，唯有发展性是学生实践能力的特殊性"。② 因此，通过参与高中地理校本实践活动，学生要能够达成实践能力、实践品质两大发展目标，这也是地理实践力校本行动研究的终极目标。

---

① 林培英. 名师的高度［J］. 中学地理教学参考，2015（12）.
② 孙智昌. 论学生的实践能力及其培养［J］. 教育研究，2016（2）.

1. 实践能力目标

学生能够运用地理信息技术和其他地理工具对真实的自然现象进行观察、识别、描述、解释；在日常生活中，学生通过搜集多种地理信息，观察人文地理事物的空间现象及其变化，能够理解不同地方的人们对人文地理事物进行区位选择的依据，并评价人类活动行为，为区域发展出谋划策；学生能够制作地理模型，形成动手实验能力。

2. 实践品质目标

学生具有一定的运用实验、考察、调查等方式进行科学探究的意识，并对地理探究活动充满兴趣与激情，以及具备求真求实的科学态度；学生通过分析人们选择社会经济活动区位的形式，初步形成人文地理学的空间思维习惯，学会用地理眼光辩证地认识和欣赏地理环境。

三、地理实践力校本行动研究的基本路径与方法

1. 基本路径

户外考察活动注重校本资源的近体性和典型性，考察内容的适宜性和可行性，充分调动学生参与的积极性，引导学生独立行动、独立思考、自主认知。

社会调查活动选题注重贴近社会、生活，引导学生自主合作、探究，参与社会服务，生成决策意识，培养公民素养。

模拟实验活动注重引导学生经历完整、规范的科学研究过程，从实验方案设计到实验过程的观察、记录、操作实施、数据处理分析，到最后撰写实验报告及汇报交流，初步经历地理实验探究的过程，以身体之，以心验之，以脑思之。

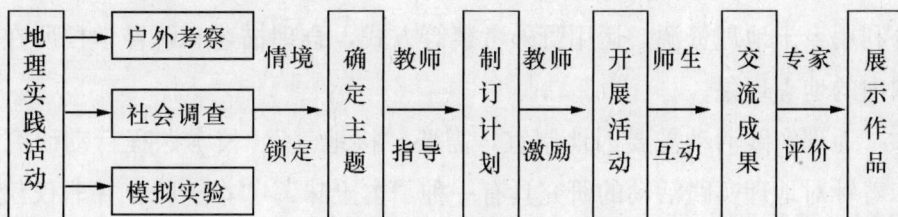

图 3—15　地理实践活动框架

2. 基本方法

（1）经验总结法：依托学校所在地的自然、社会、生活环境，运用适当的地理工具开展丰富多样的地理实践活动。指导学生开展实地观测、野外考察、社会调查，准确地描述他们对地理信息的收集与诠释过程，真实地记录他们对地理环境条件的分析与预测成果，从而筛选其地理实践活动的经验，并对经验现象进行思维加工，获得比较深刻、系统的理论化经验。

（2）行动研究法：针对地理实践活动中的问题，在自然、动态的工作情境中，运用建构主义学习理论——"情境""协作""会话"和"意义建构"理论，将行动过程与研究过程相结合，指导学生开展地理实践活动，从而探索、归纳出有关校本地理实践活动的研究方法。

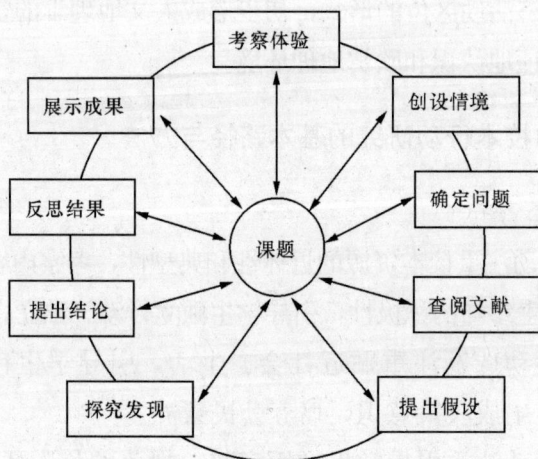

图3—16　校本行动研究框架

四、地理实践力校本行动研究的具体内容

（1）以地理环境要素及其与人类活动的关系为线索组织活动内容，充分利用乡土地理资源，运用野外考察等方式，合理描述和解释学校所在区域内的地理现象。

地理实践活动需要因地制宜，需要"接地气"，校本课程行动研究意味着针对地理实践活动的研究具有一种"本土味"。"本土味，并非仅仅属于农村地区，城市儿童也需要回到'本土'。国家课程实施需要建立在本土关怀基础上，才有利于链接社区与自然，联系学生生活与经验。否则，学生的学习很可能被大自然抛弃，很可能与社会生活脱节。离开自然、生活与社会的学习，对于知识的理解和综合应用也会大打折扣。所以，实现乡土资源共享，是未来课堂，尤其是城市教育需要探索的一条道路。"[1] 地理实践活动校本行动研究是基于本土文化特色的探究性活动，是从"学地理"转换到"用地理"的实践，是值得努力的课题研究。

湖南师大附中位于湖湘文化中心、历史文化名城长沙市。长沙市是湖南省的政治、经济、科教文化中心，中南地区重要的交通中心。特别是位于湘江西岸的岳麓山，是城市山岳型风景名胜区，景区内现有大量珍贵的濒危树种和年代久远的古树名木，植物资源丰富。登高远眺，湘江作带，岳麓为屏，橘子洲静卧江心，"山、水、洲、城"空间布局优良，有丰富的地理实践活动资源，有无数的未知等待我们去解答。地理知识有用，体验学习重要，将抽象的知识和现实世界相联系，体现了地理学习的应用性与创新性特点。课题组采取"点、线、面"相结合的办法开展地理实践活动，其中，"点"指的是岳麓山，"线"指的是湘江，"面"指的是长沙城。通过挖掘学校所在区域的地理内涵，学生完成了系列作品《关于望月公园的概念设计》《长沙古井及其文化调查》《橘子洲头新建设设想》《走进中南传动机械厂》《节能在我身边》，等等。

图 3—17　考察白沙古井

---

[1]　李臣之，王虹. 校本课程开发的本土味：逻辑、空间与限制［J］. 课程·教材·教法，2016（1）.

（2）课题研究重点放在"小""实""新""近"四个方面，既反映地理学科的特点，又符合高中学生的认知规律。

①"小"。考虑到中学生的基础水平，地理实践活动必须在中学地理课程理论的启迪下形成可操作的实践探索项目。例如，地理环境的整体性是地理教学中的一个重点问题，但是，如果让学生系统考察岳麓山的地理位置、地貌、气候特征、水文特征及植被等自然要素，对学生来说，时间、精力和水平都不够。所以，必须将实践探索项目进行分解，如《岳麓山大学城区位条件分析》《岳麓山峡谷地貌考察》《岳麓山东西坡植被差异考察》

图 3—18　考察岩石产状

《岳麓山茶树生长土壤条件考察》《岳麓山地下水水质状况考察》《岳麓山地质灾害隐患考察》《岳麓山旅游资源调查》。为此，组成了 7 个考察小组，分批次到岳麓山进行考察。例如，为什么岳麓山地表水下渗以后经过土壤的过滤后得到净化？净化污水的机理是什么？净化效果又怎样？学生通过考察与实验，完成了作品《岳麓山风景区的泉水为什么这样清》。通过一系列小的专题，学生顺利地完成了考察任务，积少成多、集腋成裘，形成了岳麓山地理实践活动成果汇编。

②"实"。达成全新的地理素养目标需要让学生摆脱一味追求以记忆为特征，以考试为目的，以传统意义上的推理、论证和概括等为要素的地理学习。身边面临的突出问题

图 3—19　考察裕湘纱厂旧址

具有现实感，一旦取得突破，学生便会豁然开朗。例如，根据高一必修 1 中的地转偏向力知识，我们知道，在平直的河道里，河水会受地转偏向力

影响，北半球会往右偏转，湘江自南往北，东岸由于侵蚀作用强，河水较深，西岸流速相对较慢而淤积泥沙，所以东岸码头较多。然而裕湘纱厂竟然建在河西，而且临码头，这是为什么呢？在裕湘纱厂旧址海事博物馆，学生遇到了博物馆的负责人，这位负责人说，以前纱厂从常德石门运棉花进来，这个码头水并不是很深的，那怎么解决泥沙淤积的问题呢？学生们急切地问道。他说这里会定期过来挖沙清淤的。哦！原来如此，这里其实并不是一个理想的码头。据此，学生完成了作品《湘江西岸也有码头——裕湘纱厂选址探秘》。

③"新"。从地理学科发展大趋势中寻找挂钩点，往往比一般项目更具有前瞻性，对学生的实践活动往往起到积极的导向作用。例如，污水治理是目前科学界所关注的一个前沿性问题，学生参观了长沙市第二污水处理厂，发现这里主要是利用活性污泥中的微生物对污染物进行分解，净化后水质达到四类水质标准。而后，学生提出利用长沙本地红壤的吸附功能，再进行强化处理，可以使水质进一步得到改善，学生完成了作品《强化活性污泥法污水净化实验研究》。再例如，《聚落》是高一必修2中的重要内容，但是，教材只强调了地形和交通对聚落的影响，缺乏对聚落内部机理的描述，学生站在"建设美丽的新湖南"的高度，对农村聚落进行考察，包括"环境与资源调查、人口、经济发展和产业结构、村民家庭情况、社会服务体系、乡村民俗"六个方面，完成了作品《株洲市攸县罗家坪村新农村建设考察报告》。以上两个作品立意新，取材活，质量高。

图3—20 考察罗家坪村农业生产

④"近"。地理考察需要细致入微，结论需要可验证、可重复，因此，作品不可能一蹴而就。"近"可以随时随地进行考察，也可以反复核验，有利于学生的深度学习。例如，岳麓山大致呈南北走向，东坡是夏季风的迎风坡，西坡是冬季风的迎风坡，东西坡是否存在植被差异？学生以藤本植物为标志物进行了野外考察，其间多次上山取得原始数据，终于完成了作品《基于立地因子分析岳麓山藤本植物的地方性分异特征》，该作品发表在《地理教学》2017年第11期，并在长沙市综合实践活动学生研究成果展示活动中展示，受到好评。再例如，南方地区气候炎热、雨量充沛，因此，长沙古建筑的通风、防雨尤其重要，在这种情况下，古建筑往往出檐大，室内地面高于室外地面，可防水、防潮。身边的地理问题易于激发学生的学习兴趣，使他们更加乐于学习有用的地理知识。同时，野外观察对学生理解时空尺度下的地理格局与过程非常有效，据此，

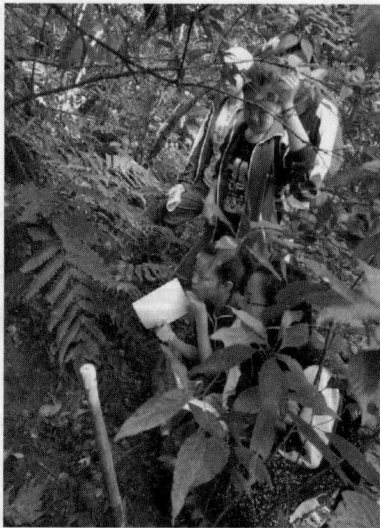

图3—21　考察岳麓山土壤

学生完成了作品《关于岳麓山古建筑与亚热带山地、气候关系的调查报告》。

五、地理实践力校本行动研究的主要成果与反思

1. 主要成果

（1）在地理实践活动开始时解决了选题的"问题性、地域性、可行性、价值性"问题，完成了由日常生活情境到地理学术情境的平稳过渡。地理实践活动与主题教学相互配合，学生在地理实践活动中产生的经验，派生出了地理思维模式和思维方法，在基本活动经验之中又包含技能、情感态度与价值观。许多学生在事后的体验报告中说，"纸上得来终觉浅，绝知此事要躬行"，"非常享受这样有意义的集体活动"。

（2）学生把地理知识融入地理现象之中，在真实的地理环境中揭示地理事物之间的因果关系，具有将间接知识内化的功能，使原有的认知结构得到充实和更新。地理学是一门以综合性和区域性见长的学科，长沙属于典型的具有湖湘文化特色的都市，自然地理环境和人文地理环境都具有浓郁的地域特色。在活动过程中寻找地理学科内部和相关学科的交叉点，与地理主题教学相互配合，并根据地理学习的基本规律设计学习活动，增强地理学习的现实感和主体感。基于这一特色，课题组总结出了城市中学地理实践活动的规律——"小""实""新""近"。

（3）学生在自然和社会的大课堂中学习地理时，其学习程度、行为是否符合地理教育的特有价值，实践能力和创造性思维是否得到提升？本课题就是要找到让高中学生地理实践力这一核心素养可学、可教、可评的方法。在评价标准上，将学生的学习程度划分为"无"（没有用到任何合理的地理知识）"单点"（只用到一点合理的地理知识）"多点"（用到两个以上合理的地理知识）"关联"（能够建立地理知识间的关联）"扩展"（合理使用教学之外的地理知识）五个程度来进行评价，具有可操作性。

通过地理实践活动，学生取得了不少好成绩，其中一个作品在湖南省中小学生研究性学习成果评奖活动中获一等奖；五个作品分获湖南省青少年科技创新大赛优秀项目一、二、三等奖；两个作品分获全国青少年科技创新大赛优秀科技实践活动二等奖。

2. 反思

目前，"很多在教学上很出色的教师，能够让学生清晰地了解和学习课本上的知识，在考试中取得高分，地理实践能力和组织能力却不尽如人意。对教师自身来讲，来自学校、家长及学生的成绩压力，让教师少有时间提高自身组织学生进行户外学习的能力。在没有一般模式或范本可以借鉴的情况下，顺利组织户外学习活动会消耗大量精力"。[1] 从 2018 年开始，新高考方案将在湖南实行，湖南省将进入高中新课程改革攻坚阶段，地理

---

① 李亚. 探究中学地理户外学习的一般模式 ［J］. 地理教学，2015（22）.

将退出高考科目，改为学考等级考和合格考。高中地理教育如何转型与发展，这对地理老师来说，是一次挑战，也是一次机遇。服务于国家与社会的价值导向，成就每一位学生，开设地理实践课，无疑是高中地理教育的特色转型之路，地理实践活动校本行动研究应该是地理实践课的有效载体。

地理实践活动行动研究要注意校本实践活动案例的积累，活动要序列化，形成一整套可复制、可推广的活动案例。地理的特点是有"地"有"理"，"地"是指地理现象，"理"是指地理的成因、地理规律。在地理实践活动中，发现的是身边的地理现象，引出的是所学的地理概念，因而地理实践活动便有了生命力，学生地理实践力的培养便有了源头活水。因此，地理校本实践活动体系的构建，是我们下一步需要研究的。

第四章 成果：去功利化教育的样本

第一节

禁补后怎样"进补"——9名高一学生告诉你

2011年暑假，受"史上最严禁补令"的影响，湖南师大附中的同学没有像往年一样接到暑假补课的通知。这一纸"禁补令"的实际效果到底如何？它对于身处中考和高考竞争压力下的学子们、望子成龙的家长们、在讲台上辛勤耕耘的老师们有着怎样的影响？"禁补令"是否能达到给学生"减负"的目的？给学生"减负"的长效措施是什么？湖南师大附中的9名高一学生在这个"禁补"的暑假里，通过调查得来的第一手资料，完成了长达万字的调查报告，给出了自己的答案。

【点评】高一学生所做的这个调查，对"禁补令"的有效实施与改进将有所帮助。该调查推进了学生对社会和自我的内在联系的整体认识，发展了学生的实践能力。学生要形成问题意识，就必须善于从日常生活中发现自己感兴趣的问题。

调查报告

"禁补令"是把双刃剑

9名同学的调查结果显示，在受调查的学生、家长和老师中，赞同和反对"禁补令"的人数基本持平。他们认为"在现今的社会条件下，'禁补令'是把双刃剑，有利有弊"，并在自己的调查中具体分析了"禁补令"对学生和家长的影响。

调查报告提出，"禁补令"有利于学生提升自学能力，"由于不补课，学生的学习兴趣提高了，这对学生开展自主性学习是有帮助的"。对家长的调查中，赞成"禁补令"57.5%的家长选择的理由是"有助于培养孩子自主学习能力"和"获得充足的时间培养兴趣爱好"。这表明，对于学生来说，"禁补令"的确给了他们更多自由的空间。

同时，参与调查的同学们也发现了"禁补令"在实际执行过程中产生的一些问题。一是"禁补令"的颁布对学生家庭的经济负担有加重趋势。调查中，有近50％的家长认为"禁补令"加重了家庭经济负担。许多家长认为，学校禁止补课，无异于把学生推向社会机构办的补习班，而这些补习班价格高。二是"禁补令"影响了常规的教学进度。在调查中，42％的老师认为，要从根本上解决补课问题主要在于政策制定与实施。一些老师指出："如果假期不补课，许多高三的教材内容都没时间教，如果教了又没时间进行第二、三轮复习了。"

图 4—1　调查组部分成员与指导老师杨帆进行报告研究（余志雄　摄）

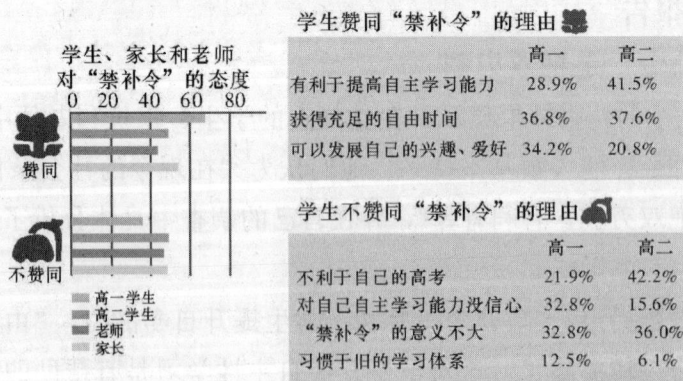

学生赞同"禁补令"的理由

	高一	高二
有利于提高自主学习能力	28.9%	41.5%
获得充足的自由时间	36.8%	37.6%
可以发展自己的兴趣、爱好	34.2%	20.8%

学生不赞同"禁补令"的理由

	高一	高二
不利于自己的高考	21.9%	42.2%
对自己自主学习能力没信心	32.8%	15.6%
"禁补令"的意义不大	32.8%	36.0%
习惯于旧的学习体系	12.5%	6.1%

图 4—2　学生、家长和老师对"禁补令"的态度

【点评】发展学生搜集处理信息的能力、自主获取知识的能力、分析与解决问题的能力、表达与交流的能力，是研究性学习活动的具体目标之一。这个调查是关于各方利害关系人对于"禁补令"政策的看法与态度，调查特别有意义，并且图标制作新颖美观，问题设置科学合理。高一学生能主动去调查、研究与自己密切相关的问题，体现出了主动探究问题的意识和能力。

提出建议

"禁补令"下如何学习

一边是高考"千军万马过独木桥"的巨大竞争压力，一边是教育主管部门下发的"史上最严禁补令"，如何才能适应"禁补令"下的学习？如何才能在"禁补"的同时取得理想的成绩？调查组根据自己的调查结果和老师家长们的建议，提出了自己的对策。

调查组建议，同学们要正确认识现状，调整学习方式。对自学能力不强的同学，调查组提出，同学们可以进行团队学习，这样的话，除了相互监督，相互竞争之外，还可以提升学生的沟通能力。

另外，许多学生反映，学校不补课却布置大量作业，不能真正达到"减负"的目的。对此，调查组给出的意见是：和老师沟通，在为了高考考得更好的前提下，向老师建议要求减少作业量。学生也应根据自己的学习情况，理性地选择课外辅导和复习资料，提高自学的效率，应对"禁补令"下的考试竞争。

家长方面，调查组认为：家庭教育是教育工作中至关重要的一个部分。"禁补令"实施后，对学生家庭教育提出更高的要求。对此，家长应该摆正心态，成为孩子的助力。"要注意适时、适度、适量地对孩子的学习生活进行教育和监督"，"要懂得尊重孩子，和孩子平等交往"。调查组还建议家长们运用自己的人生经验，给孩子进行合理的教育和引导。

对老师，调查组综合了家长的意见，提出"改善教学方法"和"注重素质教育"两方面期望。建议老师们根据各个年级不同的情况，针对"禁补令"调整教学计划，注重培养学生的自学能力并提高课堂效率。

调查报告中还反映了一些经验丰富的一线教师的意见。如大力发展中高职业教育，促使学生向着多元化发展，不再走高考的"独木桥"，从而缓解高考压力，从根源上减轻学生负担。

【点评】在调查过程中发展学生的社会参与能力，形成较强的新公民意识。通过调查，懂得教育与日常生活、个人发展的关系，形成正确的学习观。这个板块设置得非常好！学习归根结底是要看学生个人的态度和行动，这是治学的关键所在。从学生、家长、老师三个方面提出建议，建议立体而全面，具有良好的指导作用。

背后故事

高一学生的"专业"精神

9名同学在半个多月的时间里完成了这份万余字的调查报告。为了规范调查和报告形式，他们特意从网络上下载了数篇比较规范的调查报告和论文。此次调查采用的是调查问卷和教师、学生、家长的访谈相结合的形式。为了保证调查问卷有效且具有普遍性，一共分发300份问卷，调查人员对本校高一、高二各班随机分发10份调查问卷。调查组成员申继媛说："我们在发放问卷的时候，特意挑选了不同性格、不同兴趣爱好、不同成绩的同学。"

9名学生都是高一学生，对"禁补令"自然也会有自己的看法。"我们不会让自己的想法影响调查，因为做调查要客观，我们在做的时候会将自己的主观想法和预设抛到脑后。"当被问到调查得到的结论和自己的预设有很大差异的时候会怎么处理，小组成员周梦竹是这样回答的：

"回忆做调查报告的这段日子，他们说印象最深刻的就是'桃子湖畔的讨论夜'。我们9人围坐在桃子湖边讨论构思布局。身边零散的书包、本子、笔。讨论过程中有微风，有烟花，有顽皮的跑来跑去的小孩。我相信大家都会永远记得那个夜晚，那盏路灯，那份纯真的友情。虽然回去的时候，我们一个个身上都有好多被蚊子咬的红包。"说到这里，大概是想到了当时的情景，成员们都情不自禁地笑起来。

"也许这份报告还有很多的不足，但我们真心希望我们的劳动成果能对广大学生有些帮助。"调查组成员唐楚虹同学说。申继媛则希望"这份调查报告能够作为一个交流与反馈的平台,让密切关注'禁补令'的学生、老师、家长与教育部门得到更好的沟通"。

调查组指导老师杨帆认为,学生们自己设计问题、统计数据、撰写报告,报告虽然有些稚嫩,但以中学生自己的眼光观察问题,这就非常难能可贵。学生通过调研,加深了对"禁补令"的理解,提高了思辨能力。

【点评】研究性学习课程强调学生自我需要的优先性,强调对学生独特经验的尊重,强调学生从自己的立场与世界交互作用出发,建构自己的意义。

通过调研,学生加深了对"禁补令"政策的理解,提高了学生的思辨能力。报告的撰写经历其实就是交流合作的过程,在高中时代就有这样的体验,对以后的人生大有裨益。

(原载《长沙晚报》:2011-8-18;作者:邹聪,周梦竹,陈恭,周鑫,周宓,唐楚虹,彦妮,蔡函妙,申继媛;指导教师:杨帆)

第二节

中航工业中南传动机械厂社会实践考察报告

2009年6月15日至6月18日,我们得到了一次宝贵的学习实践机会——到中航工业中南传动机械厂进行为期四天的企业生活体验。在这里,先进的工业生产技术使我们大开眼界;在这里,员工们敬业的工作态度和娴熟规范的操作技巧让我们佩服;在这里,一个个实践考察项目都在有计划有组织地开展。结合这四天的学工体验,我们将自己看到、听到、感受到的内容总结成了这个实践考察报告。

一、考察目的

(1)体验企业生活,了解现代企业先进的管理模式和发展战略,了解现代企业的生产流程和现代技术在生产中的应用,拓展我们的视野。

(2)培养和提高我们的动手能力、观察能力、团结协作能力以及社会交往能力。

(3)了解企业员工的工作和生活状况,亲身参与企业生产劳动,学习企业员工的敬业、进取、拼搏和吃苦耐劳的精神;学习他们爱岗敬业、爱厂如家的优秀品质和不断进取的精神。

(4)通过在企业的参观实践和采访调查,使自己的劳动技能以及观察和了解社会的能力得到培养,提高社会责任感和使命感,为今后顺利地走向社会并能较快地适应社会环境打好坚实的基础。

【点评】研究性学习、社会实践、劳动与技术教育以融合的方式设计与实施是综合实践活动的基本要求。学校根据地方的课程资源,以综合主题的形式将它们融合在一起,内容彼此渗透,达到了理想的整合状态。且学工实践活动打破了书本、教室的框束,把校内课程与校外课程整合起来,把正规教育与非正规教育结合起来,起到了立德树人的作用。

二、考察过程

时间		地点	活动内容
6月15日	上午	附中校门口，中南传动机械厂	(1)7：00—7：10 出征仪式 (2)7:10 乘车前往中南传动基地 (3)7:55—9:50 欢迎仪式（双方领导讲话、学生代表、员工代表发言），观看介绍中南传动集团的宣传片 (4)10:00—11:30 以班组为单位参观中南传动机械厂厂房与车间；进行安全培训 (5)12:00 在食堂与员工一起吃中餐
	下午	中南传动机械厂	(1)12:30—13:15 午休（地点：车间培训室内） (2)13:30—16:30 跟班劳动并进行社会调查 (3)16:30—16:50 学生与员工一起整队下班，各班总结 (4)17:00 中南传动机械厂门口集合，乘车返校
6月16日	上午	附中校门口，中南传动机械厂	(1)7:30 统一乘车去上班 (2)8:00—11:50 跟班劳动并进行社会调查 (3)12:00 在食堂与员工一起吃中餐
	下午	中南传动机械厂	(1)12:30—13:15 午休（地点：各车间的培训室） (2)13:30—16:30 跟班劳动并进行社会调查 (3)16:30—16:50 学生与员工一起整队下班，各班总结 (4)17:00 中南传动机械厂门口集合，乘车返校
6月17日	上午	附中校门口，中南传动机械厂	(1)7:30 统一乘车去上班 (2)8:00—11:50 跟班劳动并进行社会调查 (3)12:00 在食堂与员工一起吃中餐
	下午	中南传动机械厂	(1)12:30—13:15 午休（地点：各车间的培训室） (2)13:30—16:30 跟班劳动并进行社会调查 (3)16:30—16:50 学生与员工一起整队下班、各班总结（地点：各班自定） (4)17：00 中南传动机械厂门口集合，乘车返校

续上表

时间		地点	活动内容
6月18日	上午	附中校门口,中南传动机械厂	(1)7:30统一乘车去上班 (2)8:00—11:50跟班劳动并进行社会调查(小组长到班主任处领取本组组员的"企业生活体验个人考核评价表",分发到个人找企业员工签署意见) (3)12:00在食堂与员工一起吃中餐
	下午	中南传动机械厂,师大附中	(1)13:30—14:30"企业生活体验"交流、总结大会 (2)14:30—15:30学生乘车返校,体验活动结束

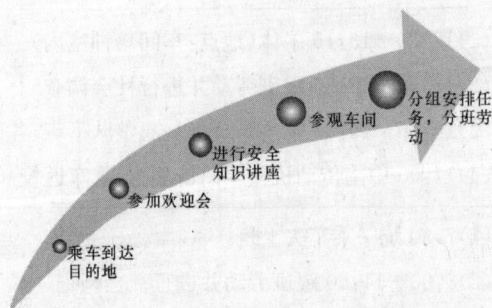

图4—3 考察工厂活动流程

跟班体验内容安排

项目	一车间	四车间	七车间	十车间
6月15日下午—16日上午	第一组	第二组	第三组	第四组
6月16日下午—17日上午	第二组	第三组	第四组	第一组
6月17日下午—18日上午	第三组	第四组	第一组	第二组

注意:1. 各班必须参加企业员工上班前的培训,严格遵守车间的各项规章制度;

2. 严格按组,按工种进行实习,上班时间各小组之间不准随意走动

【点评】综合实践活动充分尊重学生的兴趣、爱好,学生自己选择活动内容,自己决定活动结果呈现的形式,为学生的自主性发挥开辟了广阔的空间。但是,指导教师有必要对学生进行指导,既不包揽学生的工作,又能使活动有

条不紊地进行。对综合实践活动进行整体规划、周密设计，这是综合实践活动计划性的一面。计划的详细性、可操作性为后面的活动开展打下了坚实的基础，学生人手一份，时间、地点、活动内容一目了然。

三、考察内容

考察内容 1：民用齿轮的生产

地点：七车间（七车间主要负责汽车变速箱等民用齿轮的生产加工）

变速箱齿轮加工（车床部分）

（1）车一、车二：是指初车、精车，在特殊情况下，需要初车后进行调质处理，之后再进行精车。

（2）滚齿：加工齿轮的齿形。

（3）倒棱：是对齿轮的锐角进行处理，一般多为端面的锐角，在其他零件中也需要倒棱的处理，这是便于安装、防止划伤人员的处理。

（4）剃齿：剃齿是精度比滚齿要高的轮齿加工，精度比较高的齿轮用剃齿，精度一般的齿轮滚齿就可以。

（5）插齿：插齿是用插床进行的，其精度要比滚齿低，但因为其特殊的加工方式，可以加工滚齿机不能加工的齿轮，比如双联齿轮就只能在插床上进行插齿的加工，插齿的范围为双联齿轮和内齿轮（这些都是滚齿机没法加工的）。

流程图如下：

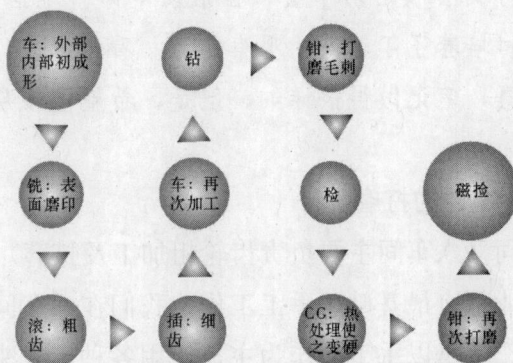

图 4—4　齿轮生产工艺流程

一般情况而言，齿轮都用滚齿机加工，因为滚齿是用展成法加工的，这样的方法加工齿轮最快，而且精度都能符合要求，也便于控制精度（主要是控制公法线长度公差）。

对于斜齿轮、锥齿轮，其加工工序也没有多大的特殊性，与一般齿轮的加工差不多。在学习过程中，工人们介绍，直齿圆柱齿轮在传动时，齿面上的接触线是一条与轴线平行的直线，轮齿的啮合是沿整个齿宽同时接触或同时分离，所以直齿齿轮传动易引起冲击、震动和噪声；斜齿齿轮传动时齿面上的接触线沿啮合平面移动，即从齿顶开始进入啮合，接触线由短变长，然后由长变短，而

图4—5　工人正在进行再加工

且上一齿未完全脱离，下一齿已进入啮合，这样每一齿所受载荷由小变大，然后由大变小，使得啮合过程平滑，消除冲击、震动和噪声。而且由于轮齿是螺旋形的，啮合中在啮合区内齿面上的接触线比直齿大。因此无论是受力或传动，斜齿齿轮要比直齿传动好，特别是在大功率高速传动中应用。

【点评】综合实践活动以学生的社会实践为基础发掘课程资源，而非在学科知识的逻辑序列中构建课程。综合实践活动强调学生的亲身经历，要求学生积极参与到各项活动中去，在活动中体验生活。学生下到车间，近距离观察生产，培养了年轻人的观察能力。看得出来，同学们在车间参观时听讲十分认真，笔记做得很详细，但是，希望能多从自己视角出发谈谈感受。

考察内容2：零件的打磨

地点：八车间（八车间主要负责齿轮粗加工及打磨）

任何一个企业都有最基础的手工工作，我们在八车间学习了简单的手工工作。钳工工作就是以手工操作为主，使用各种工具来进行加工、装配和修理。与机械加工相比，手工工作劳动强度大、生产效率低，但是可以完成机械加工不便完成或难以完成的工作，是机械制造和修配工作中不可

缺少的工种。我们认识了一个女师傅，跟着她做一些力所能及的简单手工活，比如从零件中挑出铁屑，打磨带有毛刺的半成品。但挑出毛刺与铁屑也不是简简单单的事情，首先，我们要处理的都是很重的机械零件，用一只手拿起来都十分费力，更何况要上下颠倒；其次，寻找毛刺也很困难，在我们看来十分完美的东西，在有经验的师傅面前却是带有毛刺的不合格产品，所以我们花费了一些时间来认识所谓的"毛刺"。如何打磨才符合标准？如何打磨才更省力、效率更高？这些都是在技术层面上需要掌握的。例如，首先要正确地握锉刀，锉削平面时保持锉刀的平直运行是锉削的关键。锉削力有水平推力和垂直压力两种，锉刀推进时前手压力逐渐减小，后手压力则逐渐增大；锉刀推到中间位置时，两手压力相同；继续推进锉刀时，后手力开始大于前手力；锉刀返回时不用施力，接着便是刮削、研磨、钻孔、扩孔、攻螺纹等。

经过几天的劳动，我们深深地感到了作为一个工人的不易——每天对着相同的东西做一些重复机械劳动，更何况还要在充满着噪声、难闻气味、闷热的厂房坚持完成这些工作，工人师傅们真的很辛苦，不容易。

图4—6　同学在将铁块棱角上的倒刺打磨平整

【点评】劳动教育是以操作性学习为特征的学习领域，它强调学生通过人与物的作用、人与人的互动来从事操作性学习，强调学生动手与动脑相结合。学生通过劳动体验，了解必要的技术和职业分工，形成初步的技术意识和动手能力，体会到劳动者的不易，这样的经历是非常珍贵的。

考察内容3：检测成品齿轮有无裂纹

地点：四车间（四车间主要负责齿轮的磁检）

在车间磁力探伤室，我们学习了磁力探伤的有关内容。磁力探伤的基本原理就是将待检产品磁化，通过产生的磁场来判断产品的好坏，若是产品内部有裂纹，就会产生异常磁场。具体步骤如下：

1. 给零件通电，产生感应磁场，这一步叫"充磁"。如果零件表面有裂纹，则会产生"漏磁场"。

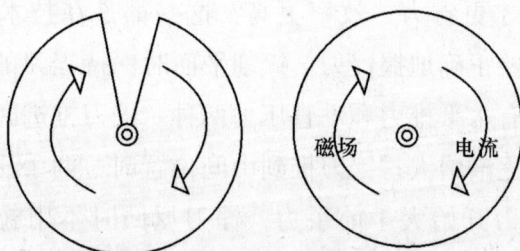

图 4—7　感应磁场"充磁"原理

（2）将零件放入盛有磁粉的水中，缓缓搅动（如果零件表面是黑色的，则放入盛有荧光粉的水中）：根据磁体能吸引轻小物体的性质，磁粉或荧光粉能在漏磁场表面聚集成堆，而使裂纹在灯光下或荧光灯下容易被发现。同时，工人师傅告诉我们，此车间用的这一办法就是通过将高电压、低电流转化为低电压、高电流，根据电流的磁效应，产生强力磁场将零件磁化。再通过上述步骤进行检测。

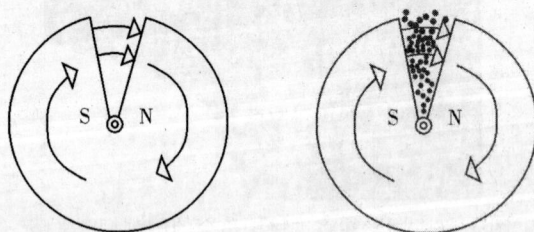

图 4—8　磁力探伤原理

（3）消除零件磁性，这一步骤称为"退磁"，对于工业纯铁等带磁易、去磁易的软磁体零件来说，只要将零件拿出磁场便可。对于某些合金等带磁难、去磁难的硬磁体，则有专门的一套方法进行退磁。

【点评】研究性学习是综合性的实践活动中的一种，研究的内容十分丰富，凡是涉及学生的学习生活、家庭生活、大自然和社会生活的实践活动均可作为学生研究的领域，突破了原有学科教学时空上的封闭状态，给学生提供的是更多获取知识和能力的渠道。对学生来说，学工劳动不仅是已有知识技能的综合应用，而且是新知识与新能力的综合学习，将书本上的物理学知识与实际生产相结合，相促相宜。

考察内容 4：各种零件的组装

地点：一车间（一车间主要负责零件的组装）

工人们的任务就是要将每一个零件先组装成数个主件，然后再将主件组装成产品。实习中，工人师傅们耐心地教我们如何拼装，如何上好垫片、螺丝、螺帽，怎样检验组合好的标准工件。在学习产品的设计图和工件组装过程中，我们发现生产一件产品的复杂程度是超出我们想象的，需要极大的耐心和细心，只要有千分之几的误差，就可能让产品无法通过出厂检验。如一台小型电瓶叉车的变速箱是由数百个零件组装而成，只要少一个零件或组装错误，产品就要拆卸重组。对于组装这样的工作，同学们都兴趣十足，工作时，我们需要戴上手套，以防止手上的汗液腐蚀零件，影响产品的质量。通过观察，我发现每一个工人的工作服都被汗湿，对此他们早已习以为常，毫不在乎，专心于工作。不少工人一上午忙得连几米外的水杯都没有空拿一下。一个上午，20 台变速箱已经成型，之后我们又帮忙打上出厂标签。看到自己参与完成的工件，我们心中充满成就感，体会到了团结协作、认真细心的重要性，同时也感慨工人们工作的认真和劳累。

【点评】劳动技术教育是关乎未来公民基本素养的教育，是人人都必须接受和经历的教育。技术世界蕴藏着丰富的教育价值，它能开发人的潜能、促进人的思维发展。一项完美的技术作品是科学、道德、审美的统一，组装零件是个精细活，在劳动中学生体会到了合作与细心的重要性。

考察内容 5：数控机床

地点：十车间（十车间主要利用数控机床进行产品的加工）

所谓数控机床，就是一种装有电脑程序控制系统的自动化机床。这种控制系统能够有逻辑性地处理具有控制编码或其他符号指令规定的程序，并将其译码，从而使机床起动并加工零件。通过考察十车间的数控机床的操作及编程，我们深深地感受到了数字化控制的方便、准确、快捷，只要输入正确的程序，机床就会完成相应的操作。

在与师傅的交谈中，我们得知他所操作的大型机器是由瑞士引进的数控磨齿机，这台设备花费了 1000 多万元，是工

图 4—9 正在工作的大型机器

厂中最先进的数控设备之一。我们还从熟练操作数控机床的师傅那里了解到，数控机床对编程的要求非常高，编错一个符号就有可能导致数控机床运行不了。由于在信息技术课上学过编程，我们对此非常感兴趣，看着师傅往机床中装入齿轮的毛坯，没过多久就取出加工成型的齿轮，让我们对现代自动化生产佩服得五体投地。

接着，我们又学习了数控电火花加工，这种加工操作较前面的齿轮加工简单。虽然也需要编程，但只要正确输入所要加工的零件图形，选择好入刀途径，放置好原料即可，工人师傅需监督机床安全，接着准备下一个工件原料进行生产。

我们了解到比较高级的数控设备都是由国外进口的，这让我们心中感到有些不是滋味。作为一个中国学生，多么希望我国也能进入高级车床的研发生产的领先国家之列！少年强则国强，相信我们看到的会促使我们更加努力地学习，将来报效祖国。

【点评】研究性学习课程的目标指向主要是学生的兴趣和能力品性的提高，注重学生通过亲身体验激发学习的兴趣、加深对学习价值的认识，在思想意识、情感意志、精神境界等方面得到升华，使立德树人教育得以具体呈现，促进理想教育环境的形成。数控机床确实是现代高端制造业必不可少的设备之一，在实际生产中，学生体会到我国高端数控机床与外国的差距，激发了学生自身的浓浓爱国之情。

考察内容 6：成品的检测

地点：各个车间的检测室

在车间检测室中，我们学习到了检验和测量成品零件的相关知识。在工人师傅的指导下，我们根据零件的工艺图，对成品零件进行测量。在测量过程中，我们使用了带表深度游标卡尺、扁头内沟槽游标卡尺、螺旋测微器等测量仪器。同时，我们学习了百分表的测量原理与使用方法。百分表对于我们来说，是一种全新的测量仪器，根据工人师傅的指导，我们将百分表与螺旋测微器同时结合使用，测量零件的内径与深度。

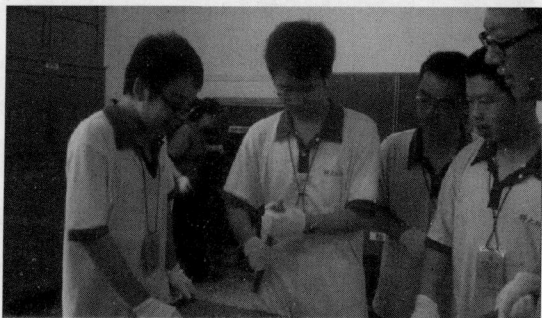

图4—10 同学们在十车间的检测室进行检测

【点评】综合实践活动提倡学生主动参与、乐于探究、勤于动手。构建起一个以学工劳动为载体、以技术教育为主干的课程体系，让学生在这些领域掌握基本的劳动技能，重视对技术的深刻理解，产生的情感体验有利于学生对技术的正确认识与理解。要充分尊重学生的个性和创造性，设置基础性、拓展性、研究性的内容，使活动具有弹性和可选择性，学生在动脑动手的紧密结合中逐步形成技术素养。

考察内容7：文件整理以及学习有关企业管理的知识

地点：人力资源部、结算中心

◆ 人力资源部主要负责对企业中各类人员作为资源进行管理。

（1）审批人力资源部及与其相关的文件，同时，将过去的资料按照年份整理好，并制定一份目录。

（2）了解人力资源部工作情况和相关数据，收集分析公司人事、劳资信息并定期向总经理、行政总监提交报告。

◆ 结算中心主要负责内、外部资金结算，即企业内部、企业与外部之间的资金往来和资金结算业务。

（1）整理文件、签发支票等会计工作。

（2）了解财会室的主要工作和财会数据的输入，为账单编号，同时，将其输入电脑。

图4—11　同学正在整理资料

【点评】企业的行政管理体系，是企业的中枢神经系统，其触角深入到企业的各个部门和分支机构的方方面面，保证了企业的技术、生产、财务、营销几大块业务的有效进行。作为企业的"调研员""宣传员""服务员""信息员"，企业行政人员每天都面临着大量的、琐碎的、不起眼的事务。研究性学习注重的是学生的兴趣、知识、能力、态度、情感等全方位的发展，注重构建一种开放的学习环境，培养学生的创新精神和实践能力。该环节可以让学生体会到企业工作事无巨细，必须相互协调。

四、考察成果

1. 了解到先进的企业文化

＊"6S"管理

整理（SEIRI）——将工作场所的任何物品区分为有必要和没有必要两部分，有必要的留下来，其他的都消除掉。目的：腾出空间，空间活用，防止误用，塑造清爽的工作场所。

整顿（SEITON）——把留下来的必要用的物品依规定位置摆放，并放置整齐加以标示。目的：让工作场所一目了然，消除寻找物品的时间，创造出整整齐齐的工作环境，消除过多的积压物品。

图 4—12　工厂物品摆放整齐

清扫（SEISO）——将工作场所内看得见与看不见的地方清扫干净。目的：稳定品质，减少工人伤害。

清洁（SEIKETSU）——维持上面 3S 成果。

素养（SHITSUKE）——每位成员养成良好的习惯，并遵守规则做事，营造团队精神。

安全（SECURITY）——重视全员安全教育，每时每刻都树立安全第一的观念，防患于未然。目的：所有的工作都建立在安全的前提下，所以，必须建立安全生产环境。

在四天的社会实践学习中，这六个词语始终贯穿于我们的体验学习活动中，大到墙壁上醒目的标语，小到员工使用的茶杯上的标志，这让我们更深刻地认识到，一个高效率的工厂背后一定拥有着科学、严格的管理模式。

"6S"管理模式的优点有：

（1）提升企业形象：整齐清洁的工作环境能够提升形象，吸引客户。

（2）减少浪费：节约场地，提高企业效益。

（3）提高效率：物体摆放有序，省时省力，减少搬运作业时间。

（4）质量保证：做事认真严谨，杜绝马虎，品质可靠。

（5）安全保障：通道畅通，厂房宽广明亮，人员事故少。

（6）提高设备寿命：清扫、点检、保养、维护，机器损害少。

（7）降低成本：减少跑冒滴漏，减少浪费。

（8）交期准：一目了然，异常现象明显化，可以及时调整工序。

＊奖励制度

奖励制度使工人的劳动积极性大大提高，有些工人自发地提前上班，推迟下班，对自己生产的产品质量要求高于工厂的平均要求，工厂充满了劳动的快乐。同时，工厂每个季度都会评选劳动模范，工人们对自己选评出来的劳动模范都是极其尊敬，造就了一种争创优秀、你追我赶、互相学习的劳动氛围。

【点评】此次学工活动具有如下特性：（1）实践性，学生在"做""考察""探究"中体验和感受企业生活，发展了实践能力和创新能力；（2）开放性，学工活动面向每一个学生的生活世界，关注学生在活动过程中所产生的丰富多彩的学习体验，活动过程与结果具有开放性；（3）生成性，随着活动的不断展开，新的主题不断生成，思想的火花不断迸发。通过这次学工活动，学生深入感受到了现代工厂的运作模式和发展战略，加深了对企业的认知，拓展了学生的视野。

2. 获得了丰富的情感体验

在结束了为期四天的工厂体验活动后，每一个同学都写下了自己的感悟与体验，填写了调查问卷。在翻阅这些调查问卷与体验报告时，我们做了如下统计：

＊在"你对这次活动的评价"一问中，大部分同学们的反馈如下表：

非常好，这次活动让我接触到了最先进的科学工艺	23%
非常好，这次活动让我感受到了工作的乐趣与艰辛	51%
非常好，这次活动让我认识到了知识的重要性	14%
非常好，这次活动让我更加热爱生活，懂得了生命的意义	7%
其他	5%

　　*在"你在活动中学到了什么"的问卷调查中，同学们的反馈如图
4—13、4—14：

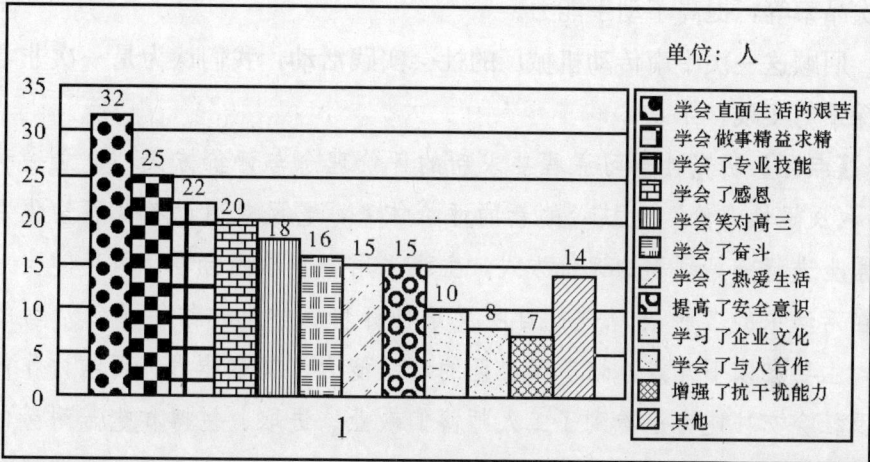

图 4—13　收获反馈统计 1

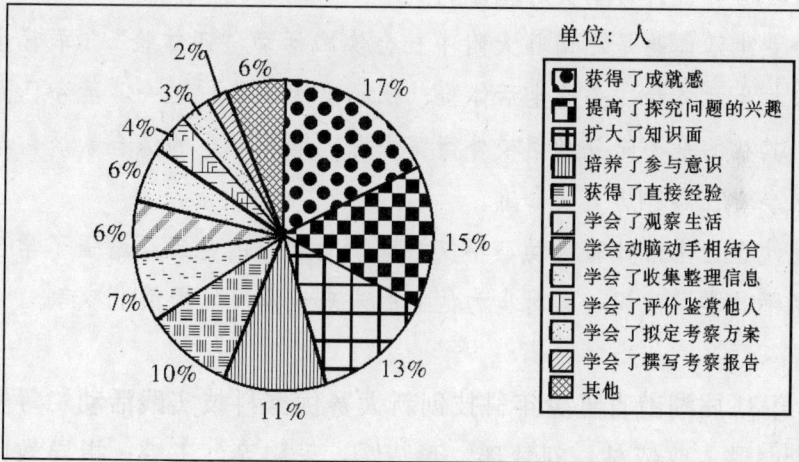

图 4—14　收获反馈统计 2

　　同时，许多同学提出中南传动机械厂的企业文化也对他们产生了不小的影响，如：将"6S"管理模式应用到学习与生活中来，可以提高学习效率；将"激励机制"应用到与人的交往上来，可以让自己学会赞美、欣赏他人等。

　　3. 学习了初步的工艺技术，提高了动手能力

在学工实践活动过程中，我们学习到了如何运用游标卡尺、千分尺、角度尺等量具快速测量产品大小，同时亲手绘制设计图纸、打磨毛刺、计算次品率等，提高了动手能力。

回顾这一次中南传动机械厂的社会实践活动，我们认为是一次非常好的探索与实践。

【点评】研究性学习课程要求新的评价理念与评价方式，建立一种以"自我反思性评价"为核心的新的评价体系，它反对通过考试等量化手段对学生进行分等划类的评价方式，主张采用自我参照标准，引导学生对自己在活动中的各种表现进行自我反思性评价。学生总结了学工活动的收获，主要有以下几点：培养了自己的动手能力、观察能力、团结协作能力以及社会交往能力；看到了工人师傅们敬业、进取、拼搏和吃苦耐劳的精神，提高了自身的社会责任感和使命感，为今后顺利地走向社会并能较快地适应社会环境打好坚实的基础。

企业生活体验是湖南师大附中社会实践活动"四体验"（军营生活体验、农村生活体验、企业生活体验、社区生活体验）之一，至今已开展十余年。其目的是为充分利用校外德育资源，培养学生的综合素质，增强学生的社会责任感和历史使命感。

此次企业生活体验活动，不仅拓宽了同学们的视野，增强了学生理论联系实际的学习意识，同时也为他们的未来生涯规划提供了参考。

（第31届湖南省青少年科技创新大赛优秀科技实践活动二等奖；作者：刘佩璐，曹依林，刘梦瑶，龚靖媛，王慰亲，王睿；指导教师：刘婧，杨帆）

第三节

株洲市攸县罗家坪村新农村建设考察报告

引 言

社会主义新农村建设是一个系统工程，湖南有自己的特殊性，或者说有自己的省情。湖南省是一个传统的农业大省，没有农村的现代化，就谈不上全省的现代化；没有农民的富裕，就谈不上实现"富民强省"的宏伟目标。"建设中国特色社会主义，总布局是五位一体，在经济不断发展的基础上，协调推进政治建设、文化建设、社会建设、生态文明建设以及其他各方面建设"[①]。当前，我省农村劳动力整体素质不高，新农村建设资金短缺，农村社会事业建设滞后等问题，阻碍了新农村建设的发展。要妥善解决新农村建设面临的问题，以期更好地把我省农村建设成生产发展、生活宽裕、管理民主的社会主义新农村。2016 年 7 月 9 日至 13 日，我们对株洲市攸县罗家坪村的新农村建设进行了考察，了解到了罗家坪村新农村建设取得的主要成果，同时也发现了一些不足之处，提出了相应的解决措施和建议。作为中学生，我们走出课堂，走进农村，我们看到了勤劳与淳朴的农民、美丽的田园，体会到了劳动的不易，感受到了村民的热情，闻到了浓浓乡土气息，这让我们终身难忘，终身受益。通过考察罗家坪村这个窗口，我们初步知道了湖南省新农村建设"怎么样""为什么会这样"这两个问题。现将课题组的考察情况报告如下：

【点评】"新农村"的内涵是指在社会主义制度下，以经济发展为基

[①] 教育部普通高中思想政治课课程标准实验教材编写组。思想政治必修（4）：生活与哲学［M］. 北京：人民教育出版社，2014.

础，以社会全面进步为标志的现代化农村建设。主要包括以下几个方面：一是发展优质特色、规模经营的产业化经济，增加农民收入；二是建设村镇，改善广大农民的生活环境，包括住房改造，垃圾处理，安全用水，道路整治，村庄绿化等内容；三是扩大公益事业规模，促进村民和谐，包括农村医疗、教育、文娱活动等。学生通过考察，可以亲身体会到这方面的进步。

一、考察内容

1. 环境与资源调查　主要调查影响罗家坪村生存和发展的各种天然的和经过人工改造的自然因素，包括：水、土地、森林、人文遗迹等。

2. 人口调查　主要调查罗家坪村流动人口数量、迁移流动状况、人口素质情况、教育程度、职业、社会保障状况，为了解有关人口政策提供客观的依据。

3. 经济发展和产业结构调查　主要调查罗家坪村经济的发展、产业结构的变化，如罗家坪村生产总值、村民收入、产业内部各部门之间的联系和数量比例关系。

4. 村民家庭情况调查　主要调查罗家坪村家庭结构，特别是留守儿童与留守老人的生活状况，了解罗家坪村的村民家庭生活情况、消费水平。

5. 社会服务体系调查　主要调查罗家坪村的村民文化生活设施、医疗条件、学龄前儿童学习条件、金融服务条件，对农村的生存条件有更好的认识。

6. 乡村民俗调查　主要调查罗家坪村的农事民俗，如："栽禾师傅扮禾客""一季红薯半年粮""爱牛一往情深""朝南起个屋"。通过我们的调查，还原一个真实的过去，领略这些口口相传的民俗，同时，感受新农村社会生活方式的变化。

【点评】如何让中学生更好地了解社会？如何促进学生的智力和能力的发展？如何将学生的兴趣和特长和谐统一发展？可以有目的、有计划地去了解农村的一些实际情况，借以发现存在的问题，探索具有一定规律的研究方法。其研究内容是需要探究的具体问题，内容设计上形成一个与学生的发展水平以及已有的经验基础相适应的序列。学生这次调查采取的是"点""面"结合的方法，调查内容立体感强。

二、考察方式

1. **实地观察法** 我们用自己的眼睛、耳朵，边看边听，并借助照相机，观察自然状态下的罗家坪村环境状况，了解当前正在发生的社会现象。同时，通过参观农民家庭中过去使用过的农业生产器具、生活器具，对农耕文明传承下来的生产、生活情况有一个基本的认识。

2. **问卷调查法** 我们发放了99份调查问卷，调查对象包括村干部、村民，回收了56份有效调查问卷，并进行了统计。

3. **访谈法** 我们拟定了访谈提纲，咨询了村干部、村民总计20人次，了解到了罗家坪村社会、经济发展的部分典型案例。

4. **资料分析法** 我们利用罗家坪村村委会、村卫生站提供的一些资料，从宏观上了解了村里面的一些基本情况和相关的数据，为我们的调查研究工作奠定基础。

【点评】调查研究的基本类别有全面调查、抽样调查和典型调查三种，在本课题的调查过程中，这三类形式常常是兼用的。全面调查的特点是，调查信息面广，一般资料的获取量多，它适应于对罗家坪村普遍现状的摸底分析。抽样调查以样本代表总体，节省人力、财力和时间，使调查更深入、更具体。个别采访、开调查会，采用问答式、讨论式，同被调查者平等对话，并口问手记，这便是典型调查。

三、考察结果

1. 环境与资源

（1）环境概况

罗家坪村位于网岭镇东部，酒埠江风景区入口，网酒公路横贯东西，南有攸河绕村而过。1952年成立罗家坪村，2011年4月经区域调整，原罗家坪、慈头岭、杨家洲三个行政村合并为罗家坪村。罗家坪村占地面积为 7.6 平方公里，其中耕地 4040 亩，林地 3800 亩，鱼塘 245 亩。

交通方面，以前罗家坪的人们主要是以步行为主，路都是沙路，天一下雨就变成泥巴路，十分不方便，现在 98% 的农户门口都通上了水泥路。村委书记介绍，罗家坪村摩托车全部普及，现有小轿车 110 台，10% 的村民家中拥有 2 台小轿车。据村民反映，现在交通便利了，拉近了村民之间的距离。

图 4—15　乡间水泥路

（2）主要资源及对应产业

罗家坪村的资源情况与湖南传统农村一样，土地资源、劳动力资源和水资源占了绝大部分，以水稻制种、西瓜和蔬菜等种植业以及对外输出的劳务经济为主导产业。

①土地资源与种植业

与村民的交谈中我们了解到，村中的种植业主要是水稻制种业，以及西瓜、蔬菜种植。调查问卷结果告诉我们，村中很大一部分人是亦农亦商，只有小部分人是完全务农，而这部分人被称作农业大户。为了进一步了解情况，我们特意采访了村中专门从事水稻制种的农业大户杨××。据杨××介绍，如今农业生产机械化水平相当高，极大地节省了时间和劳动成本，一户就可以种七八十亩地，而一亩地的收入就相当于普通稻田的 2～2.5 倍。但是，水稻制种业也存在弊端，就是收成必须要看老天爷的脸色，受天气的影响极大。

图 4—16　采访农业大户

在访谈中我们了解到，过去村中"一户多宅"的现象普遍存在，为了达到土地资源的最大化利用，村委会规定实施"一户一宅"政策。同时根据国家政策，耕地分为两类，基本农田和一般农田，基本农田是国家规定必须要种粮食作物来保证温饱的农田，而一般农田则是可以由政府进行规划来改为其他用地的农田。这些政策的实施有效遏制了土地资源的浪费。

②劳动力资源与劳务输出经济

随着城市化的发展，传统的务农种地早已不再是年轻人的首选，绝大多数年轻人选择进城务工、创业。村里面大量的青壮劳动力进城当出租车司机、开超市和开宾馆，劳务经济成了罗家坪村很多人家的主要经济来源之一。在外创业中的佼佼者会回馈家乡，据欧书记说，村里的水泥路主要是一位创业成功的老板出资，很快实现了高达98%的水泥路覆盖率。根据村委会提供的资料，外出的劳动力占全村总人口的35%，总劳动力的50%，据调查问卷统计，41个家庭中外出打工的就有80人。

③水资源

在村中的路旁可以看到一条条水渠，清澈见底，将水源源不断地输送到村子里（图4—17）。除此之外，还有部分村民修建了鱼塘以发展养鱼业。在和村委会文主任的交流中，他告诉了我们一些未来村子水资源的开发计划，村里准备在酒埠江的上游修筑一个水坝，使村中灌溉更为方便。同时，计划明后年在村中修一个大型的地下水井，为村民集中供应清洁饮用水。

图 4—17　罗家坪村水渠

（3）环境整治情况

①过去情况

罗家坪村以前的环境极差。据村民介绍，在 2003 年以前，罗家坪村民的环保意识极其淡薄，生活习惯差，各种生产生活垃圾随意排放丢弃，尤其是各家各户养猪，排泄物未经处理，污染严重，臭气熏天，与今日村中绿草如茵的景象大相径庭。

②治理过程

那么罗家坪是怎样变成如今的绿水青山的呢？欧书记说，当年那幅景象，很多外出创业归家的人都看不下去了，觉得不能坐视家乡继续这样下去，纷纷投身到村子的建设当中，欧书记自己也是其中一员。

他们把城市中的环境治理方法带到了农村，在村中设立垃圾处理处，鼓励村民植树造林。起初村民都不愿意种树，因为他们认为这影响到了他们种地。村委会干部对此采取了言传身教的办法，自己带头种树，后来树苗长大，环境越来越好，村民们意识到了植树的好处，也就自发地响应村委会的号召。

起初村中都是散户养猪（图 4—18），猪的饲料、粪便等都没有统一管理，导致污染极大。村委会因势利导，将散户养猪转变为集中养殖（图4—19），在村中建立养殖场，统一管理。村委会在主要村道都设置了道路管理员，定期检查道路上的卫生情况，做到责任到位。在全村人不断地努力之下，罗家坪村才有了如今美丽的环境。

图4—18　曾经的猪圈　　　　　　图4—19　集中养殖场

【点评】综合实践活动要注重生活性和实践性，活动内容要与学生的学习和社会生活紧密联系，努力克服脱离现实生活和社会实际的倾向；要创造条件为学生提供学习直接经验以及在实践中获取积极情感体验的途径与机会，从而强化学生的实践意识，培养学生的综合实践能力。同学们对于农村的关切与热爱跃然纸上，调查的问题都得到了很不错的答案，不过调查的问题涉及面太广，其实可就某一个问题进行深入调查会比较好。一般来讲，学生可以根据以下几个问题来制订研究计划：问题是什么；你要了解什么；你将怎样做。然后通过诸如问卷、观察、访谈、查阅资料等方法去解决问题。

2. 人口状况

根据罗家坪村委会提供的资料统计，罗家坪全村总人口4468人，农户1111户，中共党员164人，非农退休人员122人。

（1）人口数及年龄结构（表1）

表1　人口数及年龄结构（统计截止时间 2016 年 7 月）

年龄段	人口数		备注
人口总数	数量	比例	
总量	4468		
0～6	320	7％	含 6 岁
6～18	556	13％	含 18 岁
18～50	1739	39％	含 50 岁
50～65	840	19％	含 60 岁
＞65	1003	22％	老年人口

罗家坪村中小于 18 岁的人占人口的 20％左右，18～60 岁的人占人口的 58％左右，大于 65 岁的人占人口的 22％左右。老年人比重大，儿童比重小。

（2）性别比例及文化程度

①男女比例：村中男女比例为 6∶4，村中存在男多女少的情况，尤其是在计划生育阶段出生的年龄段小孩中比较明显。在进一步的走访调查中，发现总人口中男性虽多于女性，但在 65 岁以上人口中，则是女性多于男性，反映出女性人均寿命高于男性。

查阅罗家坪村卫生所提供的该村适龄儿童接种登记手册，从 2011 年至 2014 年，出生的儿童为 153 人，其中男孩 76 人，女孩 75 人，比例基本平衡（表2）。这反映出罗家坪村人们的思想观念已经有所改变，不再重男轻女了。

表2　接种疫苗儿童人数统计（统计截止时间 2016 年 7 月）

出生年份	男孩人数（个）	女孩人数（个）	合计
2011 年	31	24	55
2012 年	33	26	59
2013 年	3	14	17
2014 年	11	11	22
合计	78	75	153

②文化程度：罗家坪村委提供的资料表明，罗家坪村学历在小学以下的人有 635 个，占总人口的 14％；学历为小学的人有 378 个，占总人口的 8％；学

历为初中的有 1836 个，占总人口的 41%；学历为高中的有 670 个，占总人口的 15%；学历在高中以上的有 949 个，占总人口的 21%（表3）。

表3　文化程度统计（统计截止时间 2016 年 7 月）

文化程度	人口数		备注
人口总数	数量	比例	
人口总量	4468		
小学以下	635	14%	未受过学校教育
小学	378	8%	
初中	1836	41%	
高中	670	15%	
高中以上	949	21%	

由此可见村中初中文化的人较多，在年轻人中读过高中和大学的人数也不少。看来随着社会的发展，人们文化程度的提高，人们越来越重视文化知识的学习。老一辈的人大部分没有很高的学历，村中老一辈的人有的只读过小学甚至没读过书。而在新一代村民中，他们懂得学习的重要性，因此他们在外出打工时会尽量将子女带到他们打工的城市的学校进行学习，条件不好的也会让孩子读完本地的学校后，再想办法供他们进入更高等的学校学习。

（3）流动人口

根据罗家坪村委提供的统计资料分析，罗家坪村劳动力外出打工挣钱，其人数占劳动力的 30%～40%，他们有开的士的、有开小酒馆的、有开小超市的（表4）。

表4　劳动力及经济状况统计（统计截止时间 2016 年 7 月）

劳动力结构		劳动力数		年收入（万元）	备注
		数量	比例	数量	
在家务农	种植业	2100	47.0%	1.4	人均收入
	养殖业	235	5.3%	1.8	人均收入
	休闲产业	147	3.3%	2.4	人均收入

续表4

劳动力结构		劳动力数		年收入（万元）	备注
		数量	比例	数量	
外出务工	出租车行	365	8.2%	12	总收入/户
	商铺等经营	895	20.2%	30	总收入/户
	体力劳动	726	16.2%	8	总收入/户
	以上总计	4468	100%		

上表说明罗家坪村劳务经济较发达，外出务工的人员较多，占劳动力总数的 44.4%，而且收入远远高于在家务农。外出务工人员收入一般是以家庭为单位进行统计，人均收入是在家务农务工的 4～8 倍。经商的人富裕了，都会为家乡的建设出一份力。在村雨中露幼儿园旁，我们发现有块募捐碑，横联是：功在当代，利在千秋；纵联是：播德启万代文明，捐资振千秋伟业。募捐碑详细记录着捐款人的姓名以及金额。通过这些，我们可以看出罗家坪的村民家乡教育情结是很深厚的。

（4）农业大户与土地的结合

既然有这么多的劳动力外出打工，耕地靠谁来耕种呢？罗家坪村中有一些农业大户，每一个大户可承包 200～300 亩地。他们承包的地虽多，但是体力活儿并不多，他们依靠先进的机械来完成这些农活。在对一位农业大户罗××的采访中，我们了解到，以前他们农活干一天都干不完，现在有一台收割机，只需要 10 分钟左右就可以很轻松地完成一块地的收割任务，而且雇佣人员的费用也并不高，一个劳动力只需 80 块钱一小时。他告诉我们靠这台收割机一年可以赚 6 万至 7 万。政府的支持是一个很大的推力，这位农业大户说多亏政府把道路修好了，这么大的机器才能开得进来。从农业大户罗××口中得知，一亩田收益大概 2000 元，他承包了 100 多亩田，一年下来种早稻和晚稻，收入不菲。像罗××这样种水稻的大户，罗家坪还有好几个，为村中经济贡献良多。虽然农业大户可以承包这么多耕地，但是罗家坪的基本土地现状是地少人多，还有一些农业散户，这些农业散户大部分是老年人。

【**点评**】人口调查是为了摸清罗家坪村人口数量、构成以及居住等方面的变化情况，调查对象依调查目的而定。一般来说，调查对象可以是"常住人口""现有人口""老龄人口"等，主要调查方法有全面调查、抽样调查、重点调查等。学生这一部分所调查的问题比较集中，逻辑也比较连贯，并且采用了很多数据说明问题，非常好。

3. 经济发展与产业结构

（1）经济概况

罗家坪村的产业有：外地出租车营运、装饰建筑、农产品加工、车辆维修及零售商品业；水稻制种业、西瓜和蔬菜产业。另外，还有石沙开采、水泥预制品厂、石灰粉厂、砖厂。但是，主要支柱产业还是水稻制种业和外出劳务经济，以农村生活体验为特色的乡村旅游近年来发展迅速。

（2）主要经济支柱

①农业

罗家坪村农业已趋于成熟，已从粗放型水稻种植过渡到机械化、规模化生产。2002 年罗家坪村引进水稻制种业，收益是普通水稻的两倍。

从村委会了解到，村中的水稻田大部分由农业大户承包。在农忙季节，农业大户会租赁收割机（图 4—20），在短时间内把水稻收割完

图 4—20　机械收割机

毕，再将水稻种出售给临近乡村，或向全国发售。

收割机既可以收割水稻，还可以直接将秸秆和谷穗分离，再选出好的谷粒，一条龙服务，方便快捷。村民们说换上了机器生产后，劳力节省了，效率提高了，而且比雇人所花的费用要少许多，很实惠。通过走访，我们发现种田大户家中都配有这种机器。

②工业

村中民营工业企业有石沙开采厂、水泥预制品厂、精石灰粉厂、砖厂。总的来说罗家坪村工业欠发达，规模小，效益低。这主要受限于罗家坪的环境容量——发展工业会造成土壤和水源的污染，阻碍村中农业和旅游业的发展。经过村民讨论，权衡利弊，村中决定暂缓工业的发展，这不失为明智之举。

③外出劳务经济

罗家坪村的外务经济较发达，加快了人口从农村向城市的流动，拉动了地方经济。从实地访谈中了解到，本村从十八岁到五十岁的青壮年劳动力大多外出务工，从事的行业较为广泛。向全村的发放 60 多份问卷调查结果表明，外出劳动力中约有 18％的人在外从事出租车运营行业，每户年收入十二万元左右；约 45％的人在外从事商铺经营，每户年获利三十万元左右；还有约 37％的人在外从事体力劳动类的工作，每户一年有约八万元的收入。商业在罗家坪的外务经济中占较大的比重，也是收入较为丰厚的一个产业。外出劳务经济的发展，提高了罗家坪村的人均收入，改善了村民的生活水平，促进了城乡间的文化沟通，作用巨大。

图 4—21　富裕后的农户家庭

④旅游业

近年来，罗家坪村的乡村旅游业蓬勃发展。罗家坪村于 2009 年创办农村生活体验基地、拓展夏令营，接待各地学生来体验农村生活。每年大约接待 2

万名的学生，3 月到 11 月是接待学生的高峰期，为村创造 900 万元左右的收入。乡村旅游业已成为罗家坪村新的经济增长点。

图 4—22　走进农村

【点评】城市学生对于"农村经济和产业结构"没有太多的感性认识。农村产业主要包括大农业（种植业、畜牧业、水产业和林业）与非农产业（农产品加工业、采矿业、商业服务业），随着我国农村改革的不断深化，除了农业这个基础产业之外，非农村产业也在逐步形成和发展起来。经济是新农村建设的基础，了解罗家坪村的经济结构很有必要，可以帮助学生更全面地分析罗家坪村的一系列社会现象。

4. 村民家庭情况

（1）留守儿童成长案例

随着农业机械化的提高，加上人多地少，大量农村剩余劳动力进城务工，从而产生了一个特殊的群体——留守儿童。在罗家坪村，有超过 40% 儿童的父母外出务工，留下年幼的孩子由年迈的父母照看。

留守儿童在成长过程中的亲情缺失，直接或者间接地导致了他们在学业、生活以及情感方面的问题，使他们的成长过程显得更为艰难。实际上，在留守儿童中，也不乏独立自强的孩子。他们就像一个个的小太阳，用自己积极乐观的生活态度去感动和鼓励身边的人。

在这次农村体验活动中，我们了解了一个姓刘的女学生（图 4—23）。

她今年 14 岁，父母都在她 1 岁的时候，便离开罗家坪村去沈阳打工，她和 9 岁的弟弟在爷爷奶奶的照顾下长大。刘同学的表现在同学中非常瞩目，她充分理解父母在外打拼的辛苦，学习上一丝不苟，成绩优秀；性格开朗善良，和同学相处的非常融洽；在家里经常帮助爷爷奶奶做家务，照顾弟弟，给爷爷奶奶分忧，是一个名副其实的小太阳。

图 4—23　刘同学生活照

刘同学告诉我们："父母外出打工是为了给我们创造更好的生活条件，父母在外面工作非常辛苦，我只有努力地学习，才对得起父母在外面吃的苦、流的汗。"爷爷奶奶对刘同学的生活非常照顾，在学校寄宿的时候，刘同学也会想念爷爷奶奶，爷孙的感情非常好。

刘同学还是班上的班长，曾经获得过县级优秀干部的称号。今年夏天，刘同学在她学校 275 名初三毕业生中脱颖而出，考上了只有年级前 30 名才能考上的当地最好的攸县一中。

（2）关爱留守老人案例

如今老龄化愈发严重，老人的生活状态也更加受人关注。据我们发放的调查问卷显示，选择买养老保险的村民在 50% 以上。我们在学农的最后一天走进了两位贫困老人的家。第一位是名叫杨××的 90 岁的老大爷，他的邻居对我们说，他平时喜欢种菜消磨时间，他享有低保、医保、农保等政府的资助，能保障他的基本生活。爷爷和我们聊天的时候，耳朵已经不怎么能听到声音了，他一直用家乡话念着感谢党感谢政府，不停地向我们道谢，直到我们离开，他还一直在家门口望着我们，向我们挥手告别。第二位老人是谭××，他的儿子因事故早年去世，他领养了一个儿子，结果因事故又英年早逝。村上的向导带领我们去拜访他，我们向他表达了我们的问候以及关心，他的脸充满了坚毅刚强，提起他的小孙子，他的脸上总是挂着笑容。

【点评】 留守儿童、留守老人问题是近年来一个突出的社会问题。随着城市化的快速发展，越来越多的青壮年农民走入城市，农村随之产生了两个特殊群体——留守儿童、留守老人。留守的少年儿童正处于成长发育的关键时期，成长中缺少了父母情感上的关注和呵护，极易产生个性和心理问题。而留守老人常常出现生活缺少照料、安全隐患多、精神缺少慰藉等问题。学生采用个体案例作为代表，可以让我们了解留守儿童与留守老人的生活状况，写的细腻真实，非常感人。这一部分是亮点！

图4—24　采访当地老人

5. 社会服务体系

新型农业社会化服务体系是以公共服务机构为依托，公益性服务和经营性服务相结合的基础设施服务体系和社会事业服务体系。

（1）人居服务体系

为了方便村民们的生活，村里设立了便民金融服务站（图4—25），村民足不出村就可以交水电费。同时，村里还建立了居家养老服务站、人民调解委员会（图4—26）、义务消防队（图4—27），以构建和谐的人居环境。

图4—25　金融服务站　　　图4—26 调解委员会　　　图4—27　义务消防队

（2）文化建设

①农家书屋

据村主任文××说："农家书屋的主体读者主要是在家从事种植业的农民，书屋的书的内容包括林业、土地的相关法律，以及农业生产的科技等。"

农家书屋旨在帮助农民进行机械化生产以及科学生产。农民对此书屋看法是什么呢？我们采访的种田大户杨××说，他经常去农家书屋学习农业科技。他的儿子也说："农家书屋的书籍的确能够为我们使用机械生产提供有

图4—28　农家书屋

用的意见及帮助。"7月11日，我们对8号房的房东文××进行了采访，她对我们说，她经常阅读一些报纸以及小说，她也经常去村上的农家书屋阅读一些实用技术性方面的书籍。

②文化广场

据文××婆婆说，她曾经参加过县城的广场舞比赛，村内的文化大舞台也经常有演出，给她的生活带来了乐趣。我们采访了欧书记，他提到了村上的腰鼓队以及龙灯队，他谈到："村上的两支队伍主要是政府出资，自主发展，娱乐，组织联谊，以及参与村上一些红白喜事。"据我们了解，在此之前，罗家坪村村民在闲暇生活中主要是

图4—29　村民文化广场

以打牌为消遣方式，现在不同了，村里建了许多健身的场地，像篮球场、羽毛球场。在文化广场里，添置了许多的健身器材，村民的娱乐项目丰富多样，生活也变得多姿多彩（图4—29）。

（3）公共卫生、医疗建设

①村卫生所

根据问卷结果得出，50％以上的村民平时选择村卫生所就医，有25％的人选择进入县级及县级以上医院就医。了解了这些情况后，我们访问了村卫生所（图4—30）。

图4—30 采访卫生所的医生

在卫生所中，我们见到了许多宣传册，这些宣传册有关于流行性疾病防疫以及治疗的，也有疫苗接种的宣传。据村医刘××说，每年的春季是疾病的多发季节，来就诊的多半是上呼吸道感染这样的症状，所以发放这些宣传册向村民宣传防疫知识。至于疫苗接种，医生会逐个排查，保证每一个孩子都受到有效防疫。不仅如此，医生在一个季度内至少进行一次慢性病排查，深入老人家里检查身体。除此以外，村民们还有每人每年120元的医保，如果是60岁以上的老人可以得到一个月75元的养老金补贴。

②村卫生管理

据我们了解，几年前的罗家坪村卫生环境不是很好，近几年来，政府加大环境卫生管理，在每家每户建设了垃圾焚烧站，每10户就安排一个垃圾检查员。村里积极参加"美丽乡村"的评选，将所获得的奖金用于环境建设。

现在，罗家坪村的环境和绿化做得非常好，除了大片农作物以外，路边到处都栽种了树木。每隔 50 米左右就会有一个垃圾处理场，便于统一处理。村内的环保标语随处可见，可以说罗家坪是名副其实的"两型社会示范村"（图 4—31）。据我们的调查问卷统计，56 个村民中就有 53 个村民对本村的环境卫生比较满意或非常满意，满意率达到 94.5%。

图 4—31　环保标语

罗家坪村先后被确认为"攸县新农村建设重点示范村""湖南省新农村示范村""食品药品监督示范村"；荣获"全国绿化小康村""省级卫生村""市级卫生村"；2008 年定为全国第二批"社区建设实验村"。2010 年被株洲市评为"株洲市五家美丽村庄"，2012 年被省旅游局评为"湖南省旅游名村"。

【点评】培育和发展农村社会化服务组织可以改善农村生活，满足农民多元化的需求。一是可以满足农民的文化需求，引导农村的社会风尚；二是满足农村弱势群体的福利诉求，有关儿童、老人的服务组织能够关注这些弱势群体的利益，提高他们的社会福利；三是可以改善农民的居住环境。罗家坪村社会服务体系逐渐完备，体现了新农村建设成果。这一部分涉及面非常广，看得出同学们下了很大的功夫。

6. 乡村民俗变化

（1）耕作方式的变化

10 日上午，我们来到种田农户家中参观了村民以前使用过的农具。

图4—32 耙

图4—33 脱粒桶

图4—32中右边的粗耙主要是用来把土打碎，左边的细耙主要用来进行精细加工。

图4—33中农具叫做脱粒桶，当地也称之为禾桶，它的主要作用是通过人力来将秸秆和谷穗分离开来。

图4—34 风车

图4—35 体验传统农耕

图4—34中的农具叫风车，通过手摇可以区分谷子是否饱满，选出优良的饱满的谷粒，它的工作原理主要是运用了物理中的重力平抛。

通过以上农具不难看出，以前的农具基本上都是通过人力来启动的，费时又费力，用起来也十分麻烦。据种田大户们反映，如果用原始农具耕种，他们要完成耕种收割任务，起码要10天半个月（图4—35）。

而现在却发生了翻天覆地的变化，旧时的农具已经被机器替代，罗家坪村的农业生产机械化率已经达到了80%，承包农田的大户基本上都是用机器来耕作。这种方式不仅节省了人力，还大大提高了生产效率。原来需要10天半个月收割的田地如今只要2天就可全部完成。

（2）民居的变化

改革开放前的房屋大多都是以土坯房为主。村民向我们介绍，以前农户家基本上住的都是土砖房，不结实，大风大雨吹打就可以让它瞬间变为一栋岌岌可危的危房（图4—36）。

如今的农户住的都是砖混结构的小洋房，美观结实又十分气派（图4—37）。

图4—36　空荡荡的土坯房　　　　图4—37　现在的房屋

（3）饮食的变化

过去的农民生产条件不好，生活水平低下，食物十分匮乏。村民们告诉我们，在以前物质匮乏的年代是很少能吃到白米饭的，吃得最多的就是用篾塔晒干的红薯干（图4—38）。

这个农具主要是将一些谷物粮食例如红薯、玉米等晒干做成食物。

现在农民的生活水平大幅度提高，家家户户只是把红薯干作为一种零食，基本每家每户每天都有很丰富的食材，主食缺失的情况已成为过去，蔬菜、鱼、肉类、水果及其他副食品应有尽有。

（4）观念的变化

图4—38　篾塔

对于教育的态度，村民们观念也发生了很大的变化。欧书记告诉我们，村里有一个贫困户，自己残疾，老婆离家，家里只剩下两个正在读书的孩子，若放在过去，他肯定会让两个孩子辍学回家帮忙干农活。而现在不同了，他坚持让孩子读书，不管自己多苦多累都一定要让孩子有书读。欧书记还告诉我们，现在的孩子除了个别不愿意读书的，基本上都想去读大学，不像过去有高中学历就已经是非常了不起的事了。从村民们对教育的态度来看，他们对于教育的重视程度不亚于城市居民，他们渴望通过教育来改变孩子的命运，在这个变化中，我们看到了罗家坪村的希望和未来。

【点评】民俗文化是在历史、人文和自然条件等因素的作用下形成的。建设"生产发展、生活宽裕、乡风文明、村容整洁"的新农村，既要推进农村物质文明建设，又要加强农村文化建设，积极倡导健康文明新风尚。透过人们的衣食住行、娱乐礼俗，学生可以体察到罗家坪村的前后变化，以及新农村建设的成果。该处选题角度独特，内容新颖，见解独到。

四、问题与建议

1. 目前面临的主要环境问题及解决方案

（1）土壤污染问题

①问题及原因

造成土质和水质污染的原因主要有两点，一是前面提到的人为原因，二是罗家坪土壤中原本就含有大量的重金属元素，如镉。能否直接从源头解决污染？土质本身是先天的，如果要全面改善，工程量太大，甚至会需停产，这不切实际。停止农药、化肥的使用就更不可能了。罗家坪现在应对该问题的主要方法是：对农作物进行特殊的治疗，在走访的过程中我们发现，稻叶上面大都洒了一层白色粉末（图4—39）。罗主任告诉我们洒的是石灰，是用来治理农作物镉污染的。第二种方法是对土地进行轮休，以达到减少化肥农药使用频率，保持土壤肥力的目的。这两种方法都可以在一定程度上缓解污染问题，但是都属于治标不治本。第一种方法的适用对象太少，只能治理镉污染，而除镉之外的其他元素超标的问题则无能为力。而第二种方法则在推行过程中就遇到了极大的阻力，因为土地停产不仅仅关系到农民的利益，还关系到卖农药化肥商家的利益，因为耕地的减少会极大影响其商品的销量。据村民说，轮休政策刚刚推行时，农药化肥商家甚至说"要是你们不种地就让我来种"。

图4—39 洒了石灰的水稻

②解决思路

结合各方面资料，我们提出了一些解决思路和方法。

首先，形成产业链，获取有机肥来代替化肥。有机肥是以各种动物废弃物（包括动物粪便）和植物残体（作物秸秆等），采用物理、化学、生物三者兼有的处理技术，经过一定的加工工艺（堆制；高温；厌氧等），消除其中的有害物质（病原菌、病虫卵害、杂草种籽等）达到无害化标准而形成的一类肥料。如果能与其他种植业和养殖业形成产业链，以种植产生的秸秆、养殖场牲畜的粪便来作为有机肥使用，可以形成一个良性的循环利用体系。

其次，运用科学方法防治虫害，减少农药使用。采取的普遍措施是增强生物的多样性，引进害虫天敌等方法。如作物轮作、作物间作、以虫治虫、作物多样性等。

（2）垃圾污染问题

①问题及原因

我们在调查中发现一个环境污染隐患——垃圾的焚烧问题，尚未引起村民和村委会的重视（图4—40）。许多村民认为，个体垃圾较少，燃烧产生的废气虽然难闻，但过一会就消散了，不会产生多大的影响。但真的是这样吗？据我们了解，焚烧垃圾可能产生二恶英、氮氧化合物等有害物质，俗话说积少成多，如果每家每户一直都在傍晚生起黑烟，那农村的环境会愈发恶化。

图4—40 焚烧中的垃圾

②改善建议

"人类可以通过社会发展和科技进步改善环境，开发资源，造福于社会，又能够给自然环境带来各种破坏，甚至于危及人类自身的生存"①。对此，我们建议从强化农村生态环境监管、加快经济增长方式的转变和提高农民的科学发展观意识三个方面着手，建立大型的垃圾场，集中收集和运输，引进科学的垃圾填埋方式，将有用的垃圾分类回收利用，解决农村生态环境恶化问题。

2. 产业面临的转型问题及解决方案

罗家坪村在发展过程中，环境污染问题有待解决，绿色产业有待发展。

①农业

因过度使用化肥，土壤的肥力降低，村里计划于明年将水稻地改种为油菜。这一批种下的油菜不作为经济作物，而是用于积累土地肥力，同时起到观赏作用，促进乡村旅游业的发展。

②旅游业

在与学生基地主任文主任的谈话中，我们了解到罗家坪的发展重心在旅游业上。明年，在原有的学生接待户基础上，还会新增30户接待户，

---

① 朱翔，刘新民. 普通高中地理课程标准实验教科书必修 I ［M］. 长沙：湖南教育出版社，2016.

继续扩大学生基地的规模，并且还会建造一个老年休闲度假中心，打造一个美丽的度假村。

3. 留守儿童的主要问题及解决方案

罗家坪村留守儿童大部分比较阳光，成长较好，但是也有20%左右的留守儿童比较叛逆、任性，生活习惯、学习习惯较差。

（1）消除对留守儿童的歧视

留守儿童中间不乏有理解父母的辛苦，认真刻苦学习，生活上独立自主，有主见的优秀代表。我们要全面地、客观地认识留守儿童群体，不能简单给他们贴上不好的标签，使他们自觉低人一等，抬不起头来。具体的做法是村委会可以多宣传优秀的留守儿童事迹，学校在班级上多开展集体活动，给孩子们展示自己的机会等。

（2）加强对留守儿童的监护人的指导和教育

在罗家坪村，很多家庭都是父母在孩子1岁左右就外出务工，其中超过30%的父母回家次数每年1～2次，脱离孩子的整个成长期。孩子主要由爷爷奶奶或者外公外婆代为照顾，所以爷爷奶奶在孩子的成长期扮演了类似于父母一样重要的角色。但是很多爷爷奶奶对孙辈过于溺爱，从而影响了孩子一些重要人格的培养。建议有关部门加强对留守儿童的监护人的指导和教育，使监护人能更好地承担起对留守儿童的教育任务，从而优化留守儿童健康的成长环境。

（3）在学校建立心理咨询室并配备心理指导老师

留守儿童在遇到困难或者心理障碍时，通常会选择向朋友倾诉或者憋在心里，如果长时间将困惑憋在心里不利于孩子的成长，学校的心理老师需要指导留守儿童学会表达自己的情绪，释放压力，可以减少留守儿童的自卑和叛逆心理，帮助他们健康成长。在采访一个小女孩的过程中，也有一些让我们觉得很心酸的话题。小女孩告诉我们，爸爸妈妈平时只有在过年的时候才回家，有时候她也会觉得和爸爸妈妈挺生疏的，在见到爸爸妈妈时，激动得手足无措，一开口却是哽咽了，不知道怎么开口和他们交流；她经常在家长会上望着那个空着的座位默默地发呆；她也会在某个晚上，突然想到远在他乡的爸爸妈妈，偷偷计算着彼此的距离和归来的日期。

留守儿童不等于问题儿童，他们承受着别的孩子没有的压力，咬着牙在逆境中成长。他们是幼苗，需要社会给予更多的关爱和照顾。

4. 公共医疗问题及解决方案

在村卫生所，村医刘××告诉我们，他们一年工资只有 4000 元，即每月 320 元，为了响应政府的号召，下放到罗家坪村村卫生所。微薄的 320 元的工资完全不能维持他们的生活，由于县政府发布了"双十政策"，即就医费用不超过 10 元，就医路程不超过 10 里，3 位医生就只能平均分配那 10 块钱。医生们苦笑着对我们说："一天的病人少的时候连 10 块钱也没有。"政府分配的经费越少，卫生所的医疗条件就越差，我们希望政府就农村公共医疗问题作好顶层设计，投入更多的经费，不断改善农村医疗水平。

【点评】高中属于基础教育阶段，高中的研究性学习和大学、科研机构的"研究"在内涵和要求上有着根本的区别，它仍然是一种学习，只不过是"像科学家一样"的学习。它形式上是"研究"，实质上是学习，一种综合性的学习。同学们的建议想法虽然略显稚嫩，但发自内心，体现了对农村的关爱和社会责任感。研究过程中，还可以去查找一些新农村建设的成功案例和相关研究论文，站在前人的肩膀上看问题。

五、考察结论

党的十六届五中全会提出了"生产发展、生活宽裕、乡风文明、村容整洁、管理民主"的总体要求，湖南省委也提出了"加快建设富饶美丽幸福新湖南"这一重大任务："要瞄准农业发展大方向大趋势，大力推进农村一二三产业融合发展，抓好现代农业产业园、科技园、创业园建设，积极发展农村电商、休闲农业、乡村旅游等新产业新业态，培育农业发展新动能"。① "要深入实施藏粮于地、藏粮于技战略，坚决守住耕地保护红线和粮食安全底线，加强农田水利基本建设，加强高标准农田建设与保护，抓好耕地重金属污染治理，切实保护好、发展好粮食综合生产能力。要广辟农业增收致富门路，防止农民增收势头出现逆转，让农民的钱袋子更加鼓起来"②。罗家坪村正在初步对接"建设富饶美丽幸福新湖南"的奋斗目标，追逐全面建成小康社会的中国梦。

1. 生产发展方面：罗家坪村以水稻制种种植业以及对外输出的劳务经济为主导产业，农业生产机械化水平相当高，出现了一批农业种田大户，乡村旅游业方兴未艾，成为重要的经济增长点。

2. 村民生活方面：改革开放前罗家坪村的房屋大多都是以土坯房为主，如今的农户住的都是砖混结构的小洋房。过去农民生活水平低下，食物十分匮乏，现在，蔬菜、肉类及其他副食品应有尽有。村民们有医保，60岁以上的老人有养老金补贴，村卫生所就近为村民提供日常医疗服务。摩托车、小轿车已进入村民家中。

3. 乡风文明建设方面：以前村民们的业余活动主要就是打牌，现在村里建了篮球场、文化广场、农家书屋，村民的业余生活变得多姿多彩。过去有高中学历就已经是非常了不起的事了，现在，村里的孩子基本上都想去读大学，村民们对教育的重视不亚于城市居民。

4. 村容环境整治方面：以前罗家坪村以沙路、泥巴路为主，现在98%的农户门口都通上了水泥路。村中的路旁一条条水渠清澈见底。以前村民各种生活垃圾随意丢弃，各家各户养猪排泄物污染严重，现在，村中建立养殖场、垃圾处理处，统一管理，环境十分优美。

5. 乡村治理管理方面：在环境治理过程中，村委会干部采取言传身教的办法，自己带头种树，没有依靠行政手段搞一刀切。原来村中有民营企业石沙开采场、水泥预制品场、精石灰粉场、砖厂，造成土壤和水源的污

---

① 杜家毫. 加快建设富饶美丽幸福新湖南 [J]. 新湘评论，2017，(03).
② 杜家毫. 加快建设富饶美丽幸福新湖南 [J]. 新湘评论，2017，(03).

染等方面的问题，经过民主讨论，村里决定暂缓这些企业的发展，切断了污染源。应广大村民的要求，村里建立了便民金融服务站等机构，方便了村民的生活。

总之，中央提出的建设新农村的目标要求，不是几句空洞的口号，而是有具体实在的内容，"生产发展"和"生活宽裕"是要建设物质文明，"乡风文明"是要建设精神文明，"村容整洁"是要建设生态文明，"管理民主"是要建设政治文明，这就是政治教材上所讲的"五位一体"目标要求。罗家坪村以上成绩的取得，是党的政策指引，现代科技发展，农民勤劳所致。尽管罗家坪村的建设还有很多需要改进和完善的地方，但是，瑕不掩瑜，进步是巨大的，成果是丰硕的，未来前景无可限量，全面小康指日可待。结合我们在高中阶段所学的知识，通过这五天的农村生活体验与考察，使我们认识到了这些喜人现象背后的道理，培养了我们对农村建设与发展的厚重责任感，激发了我们对农村的无限热爱之情，坚定了我们的社会主义信念和中国特色社会主义的共同理想，增强了我们的社会主义道路自信、理论自信、制度自信和文化自信。

【点评】新农村建设结果到底如何，用简短的文字从 5 个方面进行概括，起到了"收网"的作用。考察结论是基于考察结果总结出来的，这样，论据充足，结论明确。读者可以从考察结论中更好地领略到罗家坪村的基本面貌，脉络清晰。考察结论与报告的"考察内容"互为呼应，有头有尾，有始有终。实际上，这就是学生们晒出的一份成绩单，接地气，教室里是无法催生出这份成绩单来的。

六、体验报告（摘要）

别时容易，见时难

李疏桐

最让我印象深刻的是一个名叫刘××的女孩子，今年 14 岁，个子小小的，五官很清秀。她的爸爸妈妈在她 1 岁的时候就去了沈阳务工，留下她和爷爷奶奶在家乡生活，父母几乎完全脱离她的成长期。但最令我感动的是她谈起父母时没有一点抱怨的语气，只是心疼他们在外面打拼的辛苦。我想起那个总是埋怨爸爸妈妈的自己，要求父母要做得更好，总是不懂得知足的自己。刘××的爸爸妈妈每年春节才会回家。曾经电视里父母只有春节才能回家乡看孩子的情节，就这样切切实实地发生在我的身边。一年一次的相见，刘××总觉得父母苍老得厉害，乡音还未改，鬓发却泛白。离别的时候只是挥挥手说再见，眼泪要忍着，转过身才敢偷偷擦掉。别时容易，见时却是分外的艰难了。我突然明白，我们触手可及的父爱和母爱竟是那么宝贵又奢侈的存在，我曾经肆意挥霍的亲情竟是别人夜里含泪渴望的东西。父母环绕身边的时候我们总是不在意，他们对于我们来说是空气一般的存在，若是有一天真的离开他们独自去成长，才会懂得空气无言，却实实在在是我们生命的养分所在。

乡村随笔
罗羿

"小罗啊，今年多大了啊？

"16岁，马上满17了，爷爷。"

"噢，是要高三了吗？"

"没有，下个学期进高二"

这是欧阳爷爷在我们初次见面时说的话，操着带攸县口音的普通话，是最平常朴素的口吻。我俩第一次见面是在学生基地，欧阳爷爷作为房东来接人回家，他举着22号的牌子一个人坐在树下的花坛上。穿着一件深绿色的T恤和一条黑色的运动短裤，皮肤有些黝黑，那是经历过阳光和汗水洗礼过的颜色。

"爷爷您好，我是22号的小组长，我叫罗羿，您叫我小罗就好。请问您贵姓？"

　　他应该是没想到我这么主动大方，愣了一会儿，才露出了笑容。爷爷笑得很真诚，让人一看就知道他是发自内心的高兴，也是在他笑的时候，泛黄的牙齿，脸上的皱纹才会一一浮现，生活和岁月在他身上留下的痕迹，才格外的清晰。"我姓欧阳。"他笑着说道，"那我就叫您欧阳爷爷成么？"爷爷爽快地答应了，然后，也就有了文章开头的那一段对话。而我没想到的是，这就是我和欧阳爷爷之间最深的交流了。

　　爷爷大多数时间就坐在自己家的小卖部旁，偶尔来了客人买东西就去结下账。绝大多数时间只是盯着某个地方怔怔出神，有时也会和其他老人聊聊天。当然这几天爷爷格外的忙，因为有许多做调查的同学会来采访询问爷爷关于村里的情况。

　　每次回家吃完饭回房间休息前，我都会和爷爷问好，每次交谈完之后都会说一声谢谢爷爷。爷爷很高兴地露出笑容，说不要老说谢谢，而我从他眼神里读到的，是对后辈的欣赏和鼓励。爷爷说的最多的话，是要我们记得回来吃饭，记得我那天和他说我们有个人要去打篮球赛，可能会晚点回，要爷爷和奶奶不要等我们了，和其他人先吃。爷爷当时几乎是用不容置疑的语气说道："你们去打球！啥时候回来都可以，我们等你们回来再吃饭！"

　　爷爷有七个儿子，最小的那个也都有 30 多岁了，就住在他们家隔壁。其他的儿子们有的住在村中其他地方，有的去了广州、深圳这些地方打工，在那边成家立业了。爷爷就和奶奶生活在一起，两老吃穿不愁，只是觉得生活有些枯燥，这才选择接待我们这些学农体验的学生。这是奶奶告诉我们的，那时候我们吃着好不容易亲手做好的糍粑，就着月光，谈论着人生和理想。

　　学农活动结束了，走之前收拾行李，爷爷问：

　　"小罗啊，今年多大了啊？"

　　"噢，是要高三了吗？"

　　问完我俩都愣了。

"我是不是问过你啦?"他不好意思地摸了摸头。

"是的,在咱俩刚见面的时候。"我带着笑意说道。他双手插着腰,没有看我,而是看着前方。脸上罕见的没有那温润的笑意,只是那沧桑的皱纹依旧。

"小罗啊,要抓紧学习的机会啊,将来考个好学校!"

"好!"我答应得爽快,就像爷爷见面时答应我一样。然后爷爷送我们到基地,一路无话。最后一次见面是我们班拖着行李箱准备上车回学校时,爷爷还是拿着那块 22 号的牌子,还是坐在那个花坛上。我笑着与他招手,他也挥手与我道别。我们只是在一起生活了五天;我们不是一个地区,不是一个年龄层,只是在一起聊了几句话。我没有预料到再回想起他,会是这么的深刻。

我的房东,我的乡村爷爷。

【点评】研究性学习注重学生研究问题的过程以及研究过程的情感体验,并不是要求学生一定要像科研人员那样注重研究课题的社会价值和经济效益。因此衡量评价研究性学习应该是多元的、立体的,以正面评价、积极鼓励为主,重过程、重体验。两篇文章都体现了学生与当地人家所建立的深厚感情,体现了青少年的人性美。第一篇文章描写了一个留守儿童的细腻心理,令人深思;第二篇文章,描写了一个淳朴的中国农村老人形象,真挚感人。学农活动,加深了学生对农村的认识、对农民的认识、对劳动的认识,丰富了学生生活体验,充沛了学生情感世界。

(第 38 届湖南省少年科技创新大赛优秀科技实践活动一等奖,第 32 届全国青少年科技创新大赛青少年科技实践活动比赛二等奖;作者:向知雨,张圆,李疏桐,蒋廷儒,罗羿,李可木;指导教师:杨帆、成志强等)

第四节

基于立地因子分析岳麓山藤本植物的地方性分异特征

摘 要：本研究通过样线调查方法，基于立地因子对比分析了非生长季岳麓山东西坡面藤本植物的地方性分异特征，研究结果表明：岳麓山东坡面藤本植物较西坡面茂盛。这主要由于东坡面是夏季风的迎风坡，水热条件组合更优，而西坡面是冬季风的迎风坡，受寒冷气流影响较大，不利于藤本植物的发育和繁殖；东西坡面不同坡位藤本植物呈相反分布趋势，具体表现为东坡面藤本植物数量由大到小依次为：上坡位、中坡位、下坡位，而西坡面则反之。这主要由于冬夏季风在不同坡位影响程度不同以及不同坡位立地因子不同而导致。本次调查具有可复制性和推广性，其结果对高中学生理解自然环境的整体性和差异性具有重要的指导意义，有利于践行地理实践力，提升地理学科核心素养。

关键字：藤本植物；地方性分异；岳麓山；立地因子

一、引言

地方性分异是较小尺度的地域分异，表示在地方地形、地方气候、较大范围地面组成物质等差异的影响下，自然环境各组成成分及其组合沿一定地势剖面发生变化的规律。植物群落是指生活在一定区域内所有植物的集合，它是每个植物个体通过互惠、竞争等相互作用而形成的一个巧妙组合，是适应其共同生存环境的结果。区域气候、母质、植被区系决定特定的植被类型，但在相同的气候和母质条件下，立地因子、土壤水分和土壤温度等非地带性的环境因子是主导植被物种组成和群落类型地方性分异的因素[1-3]。反过来，植被的物种组成和群落类型对环境因子也具有重要指示作用。藤本植物是一种自身不能构成群落，必须依附它物而生的植物。由于生长过程受到植被群落中支持木资源的限制，植物体经常或林冠或林下或匍匐或攀援，长期生活于这种状态下的藤本植物必然形成一些特殊的行为和适应特征。在自然界中藤本植物是构成热带、亚热带森林群落的重要组成部分，一般来说，藤本植物指示着生存环境具有湿热特性[4-6]。

岳麓山山体大致呈现南北走向，其山体东坡为夏季风（温暖湿润）的迎风坡，西坡为冬季风（寒冷干燥）的迎风坡，水热条件必定在其东坡面和西坡面存在一定差异。选定具有指示湿热特性的藤本植物，探寻东西坡藤本植物的地方性分异，可观察冬夏季风以及立地因子对该山体植被整体性和差异性的影响[7]，对指导高中学生把握自然环境的差异性，践行地理实践力具有重要的意义。

【点评】地理核心素养包括人地协调观、综合思维、区域认知和地理实践力，地理实践力是在真实的情境中运用所学的地理知识和技能，观察、感悟、理解地理环境和人地关系的能力。学生学习了高中《地理》必修1第二章第三节"自然地理环境的差异性"后，运用所学知识在岳麓山这个自然情境中开展地理实践活动，并且能够运用适当的地理工具完成既定的实践活动，可以满足学生探索自然奥秘、掌握现代地理科学技术方法的学习心理需要。

实践活动小组最初考虑的是在岳麓山东西坡进行"样方"检测，但是，"样方"至少要达到$20 \times 20 \ m^2$的面积，工作量大，技术要求高，学生难以完成。所以，选择了藤本植物作为检测对象，这样，学生可以顺利地完成任务。

二、研究区域概况

岳麓山风景区位于中国中部湖南省长沙市城西区，位于东亚典型的季风气候区域，该地夏季常年盛行东南季风（从太平洋带来的温暖湿润气流），冬季常年盛行西北季风（从蒙古、西伯利亚带来的寒冷干燥气流），土壤类型主要为山地红壤，表土多为腐殖质土，年平均气温为17.2℃，年平均降水量为1411.4 mm，主峰碧虚山海拔为300.8 m，属于低矮丘陵，相对高度约为200 m。植被以典型的亚热带常绿阔叶林和亚热带暖性针叶林为主。

【点评】"设计户外实践活动，要考虑实践基地选择的近体性和典型性，实践内容确定的适宜性和可行性"（《普通高中地理课程标准》，普通高中地理课程标准修订组，2016年2月）。湖南师范大学附属中学就位于岳麓山下，距离近，而且相对高度不大，减轻了学生在时间上和经济上的负担。学生利用星期天时间上山考察，一次考察数据不完整，还可以多次上山补充测量数据。而且岳麓山蕴含了丰富的自然地理学内容，从地形、植被、土壤到地下水，都值得学生探讨，这就是地理校本课程资源，开发出来可以形成系列成果。

三、研究方法

1. 采样方法[8-9]

我们于2016年11月在岳麓山利用样线调查方法，分别在东西坡面设置3条样线（代表3个重复），并在样线方向上分别调查上、中、下三个坡位的藤本植物特征。由于岳麓山是国家级风景名胜区，要求我们在调查过程中不破坏其植被群落，为此我们将样线设置在岳麓山原有的山间小道上，但其西坡面仅有2条小道，因此本次调查分别在东西坡面选取3条和2条样线（图4—41）。

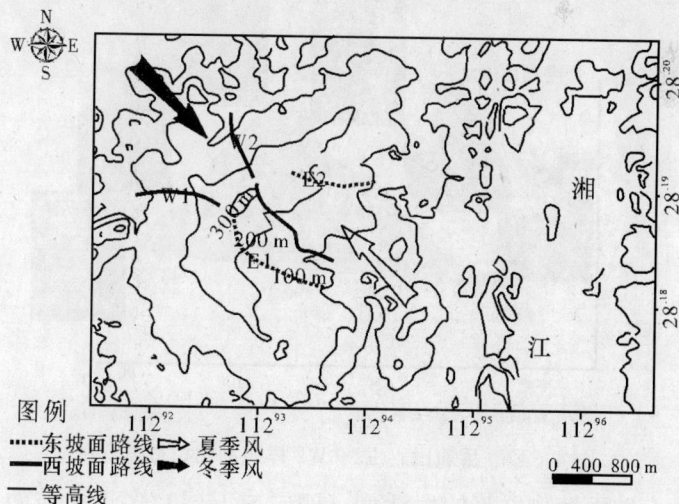

图4—41　研究区及调查样线图

2. 研究方法

数据主要采用单因素方差分析（ANOVA）对比分析东西坡面和不同

坡位下藤本植物的空间差异,主要利用 SPSS18.0 软件进行数据的经典统计,利用 Arcgis10.3 和 Orgin8.7 制图。

【点评】教师要在地理实践活动中帮助学生学会自己设计考察路线,正确使用探究方法,积极创造条件开展考察活动。教师可以根据学生搜索的资料是否丰富、线路选择是否恰当、方法是否合理等方面,评价学生获取、处理信息的能力。通过这样的论证,学生可以少走弯路,考察活动也可以深入下去,用事实说话,用数据说话,初步具有"研究"的雏形,而不是停留在表层描述上。应该说,文中的"研究方法"已经超出了中学地理教材范围,需要老师事先做好充分的准备,手把手地指导学生完成。这对老师的业务能力也提出了更高要求,需要老师研究性地教,更需要学生研究性地学,带着课题去学,学以致用。

三、结论和讨论

1. 东西坡面藤本植物的地方性分异特征

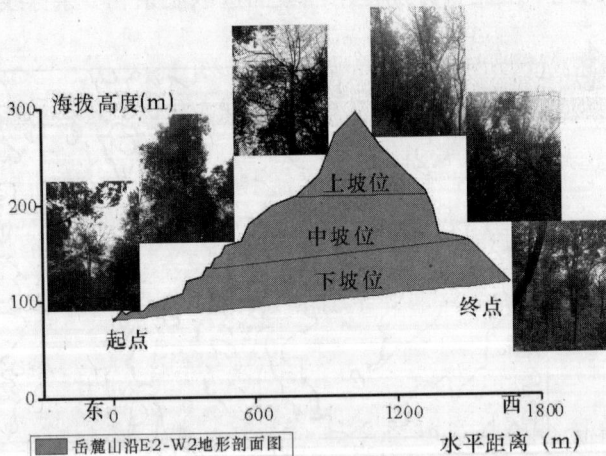

图4—42　岳麓山沿 E2—W2 样线剖面植被群落图

岳麓山东坡面植物群落的生活型(四层或五层)多于西坡面(三层或四层)(图4—42),在非生长季中,其藤本植物主要以木质类和草质类藤本为主,如南蛇藤、爬山虎、乌蔹莓、野蔷薇、海金沙等高位芽藤本和地上芽藤本,其缠绕方式以逆时针缠绕方式为主。

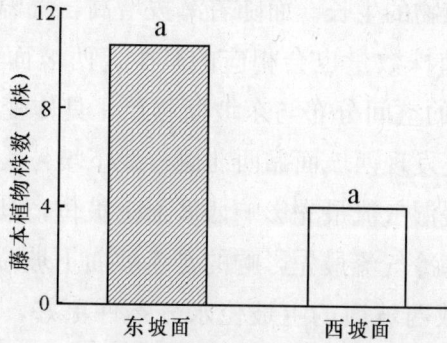

图 4—43　岳麓山东西面藤本植物的数量分布

对比不同坡面藤本植物植株数量发现藤本植物主要分布在东坡面。尽管东西坡面藤本植物植株数量并不存在显著性差异，但东坡面藤本植物的平均植株数量（10 株）约为西坡面（4 株）的 2 倍（图 4—43），这主要由于岳麓山东坡面是夏季风（温暖湿润）的迎风坡，水热条件组合较好，而藤本植物喜热喜湿的特性导致其主要分布在山脉东坡面。而西坡为冬季风（寒冷干燥）的迎风坡，其环境不利于藤本植物生长。

2. 对比不同坡位藤本植物的地方性分异特征

岳麓山植被群落的高度由坡脚向山顶递减（图 4—42），这主要由于红壤地区低山丘陵水流冲刷严重，土壤和土壤养分易累积在坡脚，加之风力随着坡脚向山顶增大，导致上坡地区难以形成高大的植被群落。

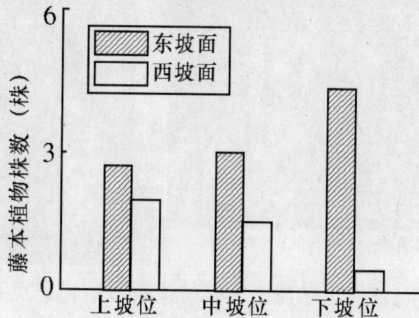

图 4—44　岳麓山东西坡面不同坡位藤本植物的数量分布

东坡面不同坡位藤本植物的株数数量（均值）由多到少依次为下坡位、中坡位、上坡位。这可能由于岳麓山东坡面下坡位靠近人类生活区，温度较高，且多断层出露泉眼和溪流，微地貌环境下土壤水热条件组合较好，适宜多种藤本植物的生长。而随着海拔增高，气温下降，泉眼和溪流减少，藤本植物的植株数量也会相应的减少。西坡面藤本植物植株数量（均值）在不同坡位的空间分布与东坡面相反，具体变现为上坡位＞中坡位＞下坡位，调查还发现西坡面靠西北侧样线下坡位无藤本植物。这可能由于夏季风带来的暖湿气流最先影响西坡面上坡位，其次中坡位，最后下坡位。而冬季风的寒冷气流最先影响的是西坡面下坡位，其次中坡位，最后上坡位，这会导致西坡面的上坡位水分条件更好，更适合藤本植物的生长。

值得注意的是，尽管东坡面上坡位藤本植物植株数量少于中坡位和下坡位，但上坡位藤本植物的盖度远大于其他坡位藤本（图4—45）。这主要由于东坡面中下坡位植被群落高大茂盛，藤本植物难以竞争到群落顶端，获取更多光照等资源。但上坡位植被群落不高，藤本植物容易竞争到群落顶端，加之气流受地形抬升，易在上坡位形成多雾天气和降雨天气，这都导致藤本植物在上坡位植株发育得更加茂盛。

图4—45　岳麓山不同坡位藤本植物景观图

【点评】"学校要配备基本的地理室内实验与野外实践装备与设施。要逐步装备专门适用于中学的水、土、气、岩标（样）本的采集、测试工具、实验资源包（箱）。要建设相关采集、记录、测试的实验手册、使用说明、课程案例、数据等文本或数字资源"（《普通高中地理课程标准》，普通高中地理课程标准修订组，2016 年 2 月）。在考察过程中，学生准备了胸径尺、照相机、罗盘仪，设计了藤本植物相关数据记录表格，一路爬山一路记录，数据翔实，为后期的论文撰写打下了坚实的基础。

在这次考察岳麓山的实践活动中，学生能够使用地理技术工具，进行细微观察与欣赏、获取与处理比较复杂的信息、进行分析和统计，并表现出独立思考的能力及求真、求实的科学态度。学生在答辩时，特地指出，今后岳麓山栽种景观植物要考虑东西坡的环境差异，要因地制宜。这说明学生在真实的情境中感悟、理解到了地理环境和人地关系状况，目标明确，内容充实。

四、主要结论

本研究通过样线调查方法，基于立地因子对比分析了岳麓山东西坡面藤本植物的地方性分异特征，研究结果表明：岳麓山藤本植物在东西坡面存在不同的空间格局，东坡面藤本植物较西坡面茂盛；藤本植物植株数量在东西坡面不同坡位上空间分布呈相反趋势，具体表现为东坡面下坡位藤本植株数量最多，中坡位次之，上坡位最少，而西坡面反之。

【点评】学生的结论言简意赅，当时有人认为比较简单。的确，学生这篇小论文还够不上"高大上"，发现的东西还属于"小儿科"。但是，这次考察活动的真正意义在于学生用自己的眼睛观察身边的自然事物，用自己的头脑思考身边的自然事物，用考察结论印证了教材上的地理知识，将已有的地理知识与问题相联系，得出了基本合理的解释。学生说，岳麓山大致呈南北走向，东西坡分别是夏季风和冬季风的迎风坡，山地气候的差异造成了植被的差异。这不仅仅是高中《地理》必修 1 第二章第三节的内容，而且还涉及到了其他章节的内容，甚至涉及到初中的地理背景知识，实现了学科内知识的融会贯通，是一次成功的地理实践活动。

参考文献

[1] 朱翔，刘新民，等. 地理Ⅰ（必修）[M]. 长沙：湖南教育出版社，2015.

[2] Woodward F I，Mckee I F. Vegetation and climate [J]. Environmental international，1991，17（6）.

[3] 蔡永立，宋永昌. 浙江天童常绿阔叶林藤本植物的适应生态学Ⅰ叶片解剖特征的比较 [J]. 植物生态学报，2001，25（1）：190—98.

[4] 王业社，陈立军，杨贤均，段林东. 湖南城步野生藤本植物资源及开发利用研究 [J]. 草业学报，2015，24（8）.

[5] 夏江宝，许景伟，赵艳云，我国藤本植物的研究进展 [J]. 浙江林业科技，2008，28（3）.

[6] 朱晓文，张克荣，刘克明，等. 岳麓山风景名胜区植物群落数量分类 [J]. 湖南师范大学报自然科学学报，2009（32）.

[7] 夏江林，旷建军，彭珍宝，等. 岳麓山风景区藤本植物资源调查研究 [J]. 现代农业科技，2009（21）.

[8] 方精云，王襄平，沈泽昊，等. 植物群落清查的主要内容、方法和技术规范 [J]. 生物多样性，2009，17（6）.

【点评】罗列参考文献非常重要，一是看前人是怎样研究的，已经取得了哪些研究成果，以避免重复；二是培养学生的科学素养——诚信，搞科研必须坚持基本的道德底线，不能抄袭他人的成果，前人的成果如果为我所用，一定要注明出处。现在，许多学生在开展研究性学习活动过程中，喜欢从网上下载资料，既没有辨别真伪，也没有说明是何人、何处的研究成果，犯了科研的大忌。这一点需要我们从小培养，而且这也是立德树人的重要组成部分。

（原载《地理教学》2017 年第 11 期. 作者：金上钧[2]，巫嘉俊[1]. 指导教师：吴敏[1]，杨婷[2]；杨帆[2]

（1. 湖南师大附中梅溪湖中学，湖南 长沙 410205；2. 湖南师大附中，湖南 长沙 410006）

后 记

高考的"放大效应"具体表现在"以学备考",用考试体系取代正常的学习体系,升学压力由上往下蔓延,不仅高三,高二、高一、初中、甚至小学都面临升学的压力。教育的目标是什么?教育如何适应时代的发展?教育应该秉持怎样的理念?这正是本书想要探讨的。

一、本著作研究领域的研究现状述评

米歇尔·德·蒙田是文艺复兴后期法国杰出的人文主义作家、教育家、思想家,是人文主义和怀疑主义的典型代表人物。蒙田博学多才、思想睿智,并将塑造健全人格作为道德教育的根本目的,明确了以"哲学、历史和自然"为主的道德教育内容,提出了"宽严结合"的道德教育方法,突出强调了"去功利化"的道德教育原则。蒙田道德教育思想对解决当前我国道德教育问题同样具有重要的潜在价值。第一,在我国现行教育体制下,知识教育长期占据主导地位而道德教育被长期边缘化、沦为从属地位,学习成绩往往成为判别"好学生"与"差学生"的唯一标准,在此基础上培养出来的学生极易出现学识与德行之间的严重失衡。[①]

杜威完整人格教育理论,强调以经验为核心,通过建立各种事物联结在一起的世界,进而对个人经验进行良好改造,以形成其完整人格,并呈现出其经验的连续性、教育的交互性与养成的完整性等特性。杜威这一完整人格教育思想对我国学生健全人格的养成具有重要的实践价值:注重生活、经验、交互、自我教育以养成完整人格;以去功利化、去贵族化、去教条化与自治的"三化一治"的人格教育模式培育现代的健全人格;教师

---

① 段立国. 蒙田道德教育思想探析. 思想政治教育研究 [J]. 2014:10